はしがき

　本書は，マーケティングを初めて学ぶ人や学び直したいと思っている人のために書かれた入門書である。

　マーケティングの講義は，多くの大学や短大で開講されているが，カリキュラムの編成によっては経営学と並行的に学ぶ機会を得られている人ばかりではない。経営学部や商学部など，ビジネスに関わる領域を学ぶ中の一つとして講義を聞く場合には，他の講義で解説される企業や経営の基礎知識を補いながらマーケティングの内容を理解していくことができる。しかしながら，経済学部や社会学部などビジネスと関連した講義の数が少ない環境で学ぶ場合には，企業活動に関わる基礎知識が講義を聞きながら不十分であると感じている人もいると思う。

　そこで，本書では他のマーケティングの入門書ではあまり触れられていない経営学の基礎的な内容にも相応の紙面を割き，経営とマーケティングの関連性を意識して学んでもらえるように工夫している。

　マーケティングの講義の際，前提となる企業活動の基礎知識が，受講者に欠落しているという場面に遭遇することを多くの教員が経験している。その場合は，口頭で補足説明をしたり，プリントを配布したりして適宜対応していたわけであるが，自主学習のことも考慮すると網羅的に経営学の基礎を踏まえたマーケティングの入門書が必要とされていることも実感していた次第である。

　今回，前述の問題意識に共感してくれたメンバーに恵まれたこともあり，執筆者各自の専門性を活かして半期の大学講義で使用しやすい章の数で構成することができた。また，入門書としての読みやすさに配慮して，本文はできる限り平易な文章のみで記述し，発展的に学びたい場合に参考にしてほしい文献や資料を各章末で紹介した。

　執筆に際しては，基本的な構成案と執筆方針を有馬が作成し，章の内容，連続性などを有馬と岡本で確認した。本書全体の責任は編者2人にある。ご意見

などを賜れれば幸いである。

　最後に，本書の出版にあたり新世社の御園生晴彦氏と編集実務を担当した谷口雅彦氏，彦田孝輔氏に多大なるご高配を賜った。ここに記して謝意を表したい。

　2015 年 9 月

編著者　有馬　賢治
岡本　純

第 2 版改訂にあたって

　本書を刊行してからはや 9 年が経過した。この 9 年間で，日本だけではなく世界は大きく様変わりした。COVID–19 による日常生活の変化を世界同時に体験したことや，AI が手軽に利用できる環境が整いつつあることなど，これまでの前例や経験だけでは予測しづらいなかで，私たちは日常生活を送る日々となった。

　マーケティングで取り上げられる内容は，日常生活に比較的密着しており，実感として理解しやすいものが多い。しかしながら，ここ数年の環境変化は，急進的で抜本的な変化であり，単に表層の現象だけを注目していたのでは，納得できる理由を探すことが困難なモノゴトも増加している。

　このような環境下で新たな領域を学ぶ人々にとって，基礎となる理論をわかりやすく解説したテキストは，夜間の航海での道標となる灯台のような役割を担っていると思われる。

　本書は，多くの大学などでご採択いただき，経営学の基礎知識を補いながらマーケティングの基礎的な知識と理論を学ぶことができるテキストとしてご好評をいただいた。今回の改訂により，さらに多くの読者に恵まれることができれば望外の喜びである。

　最後に，本書の改訂にあたり新世社の御園生晴彦氏と谷口雅彦氏には初版から引き続き多大なご高配を賜った。ここに記して御礼申し上げる次第である。

　2024 年 8 月

編著者を代表して
有馬　賢治

目　次

1
マーケティングのアウトライン

1.1 マーケティングとは

売れる仕組みを作ること

　現代では「マーケティング（marketing）」は日々使用される言葉となってきた。企業の名前や，雑誌，テレビ番組の見出しなどでも「マーケティング」という文字を見かけることは多くなった。それでは，「マーケティング」とは何を意味しているのであろうか。この分野を学び始めるにあたって，まずは言葉の意味を思い浮かべることができるようにアウトラインをつかんでおこう。

　「マーケティング」と呼ばれる活動を連想してみると，人によって様々な場面が想起されることであろう。たとえば，アンケートを実施したり，テレビのコマーシャルを作ったり，街頭で見本を配ったりする活動があげられるのではないであろうか。これらはどれもマーケティング活動の一部である。一般的には，こうしたマーケティング活動の一部分を見て「マーケティング」と呼んでいることが多い。また，こうした仕事に携わる人を「マーケター（marketer）」と呼ぶこともある。

　それでは，これらの活動を一言で表すにはどうしたら良いであろうか。大雑把にいうのであれば，「売れる仕組みを作ること」とまとめることができよう。それでは，「売れる仕組み」とはどのようなものであろうか。これから，それを探しにいこう。

「売る」と「売れる」の違い

　どんな企業でも「売る」ことはできるが，必ずしも「売れる」とは限らない。買い手がその企業の製品を受け入れてくれたときに初めて「売れる」のである。買い手をマーケティングでは「**顧客**（customer）」という。本書でも今後頻繁に登場するので，「マーケティング」と同様に覚えてほしい。

　マーケティングでは，企業本位で売ることを「**セリング**（selling）」，顧客が望むものを売ることを「マーケティング」と呼んで区別している。

　図1-1を見ると，セリングでは企業が起点になって顧客に向かっているが，マーケティングでは顧客を起点として企業の中で加工されたものが顧客に向けられている。つまり，セリングは「作ったものを売る」活動であり，ときには高圧的に売る（英語では"hard-sell"という）活動であるが，マーケティングは「売れるものを作り，販売する」活動なのである。したがって，売れるものを顧客に届ける仕組み全体がマーケティングに関わる活動なのである。

　ここで注意が必要な点が一つある。それは，企業は顧客が望んでいるものを無際限に提供するわけではないということである。

　企業には，それぞれ得意とする分野がある。その得意分野での能力を活かして作られた製品を，顧客に提供する。この得意分野を「**ドメイン**（domain：事業領域）」という。**2**章で詳しく述べるが，企業は自ら定めたドメインにしたがって，顧客の求めるものを提供している。マーケティングは，顧客の求めるものであれば，どんな無理難題でも応えることができる魔法の杖ではない。この分野を学び始めるにあたって，この点は誤解のないように注意しよう。

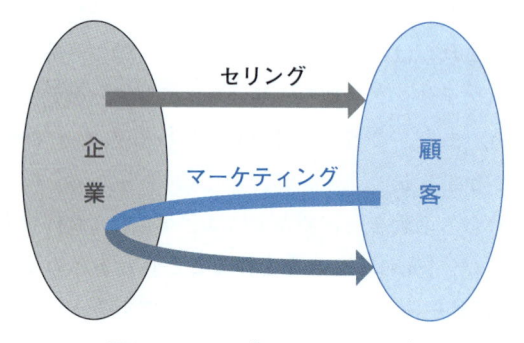

図1-1　**セリングとマーケティング**

マーケティングを定義する

　「マーケティング」という言葉の意味が曖昧なままでは理解を深めていくことは難しい。そこで，「マーケティング」という言葉に含まれる内容の範囲を確認しておこう。科学の世界では，ある言葉の使用可能な範囲を定めることを「定義」するという。

　マーケティングの定義は，これまで一人の研究者が提起したものや，研究者や実務家が集まる組織で議論されて発表されたものなど数多く存在する。これは，数学などでの定義と性質が異なるためである。たとえば，図形の「三角形」とは，「同一直線上にない3点と，それらを結ぶ3つの線分からなる多角形」と定義すれば，世界中の万人が同じ内容で理解できる。しかし，「マーケティング」は，一つの表現で万人を納得させることが現状ではできていない。そのために複数の定義が存在して現在に至っている。

　定義は複数あるが，多くの人々に支持されている定義は信ぴょう性が高いと受け取ることができる。ここでは代表的な定義を紹介してみよう。

　アメリカ・マーケティング協会（American Marketing Association：AMA）の定義は，時代背景を反映して数回改訂されている。ここでは最新（2017年）のものを紹介しておきたい。

「マーケティングとは，顧客，依頼人，パートナー，社会全体にとって価値のある提供物を創造・伝達・配達・交換するための活動であり，一連の制度，そしてプロセスである。」

"Marketing is the activity, set of institutions, and processes for creating, communicating, delivering, and exchanging offerings that have value for customers, clients, partners, and society at large."

　この定義では，企業や非営利組織，個人などが，相手に価値を提供する活動全般にマーケティングが関与していることを示そうとしている。この考え方を基礎とするのであれば，財務や人事あるいは研究開発などを除けば，企業活動は，ほぼマーケティングに何がしかの関係のある活動であると理解できる。こうした幅広い活動領域がマーケティングには含まれていることを，ここで改めて意識しておこう。

1.2 なぜマーケティングは必要か

企業は存続・成長させるもの

　企業活動は，学園祭の出店のように一つのイベントに参加して翌日には解散してしまうような活動ではない。長期間にわたって事業活動を続けることを前提として運営されるものである。こうした特徴を捉えて，企業は「ゴーイング・コンサーン（going concern：継続的事業体）」とも呼ばれる。企業は，関係を持つ顧客や取引先，さらに企業で働く従業員のために，継続的に利益を獲得して存続・成長させる必要がある。

　仮に，利益を得ずに安売りばかりをしている企業があるとしよう。この企業は，当初は顧客の支持を得て多くの売上を獲得し，とりあえずプラスマイナスゼロでの活動ができるかもしれない。しかしながら，時間が経過して，仕入価格が値上がりしたり，従業員の給与の昇給が行われたりすると事態は異なってくる。たとえ同じ売上高を得られたとしても，経費が多く必要とされている分，結果的には損益を出してしまうことになる。このような状態が続いてしまうと，この企業は事業を維持していくことができなくなり，最後には負債を抱えて倒産してしまうことになる。

　このように，企業を存続させるだけであっても利益を得ることは必要なのである。さらに，企業を成長させていくためには，適正な利益を獲得する努力を続けなければならないのである。

　政府，地方自治体，警察，消防などの非営利組織は，それらの活動が社会で必要とされているために，利益の獲得ができなくても税金などで組織を維持していくことが社会的に合意されている。こうした組織の場合には，無駄を少なくする合理化のためにマーケティングの知識が役立てられる。一方，営利を目的としている企業の場合には，自力で存続・成長をさせていくことが必要になるために，マーケティングを活用して利益を得ていくのである。

環境変化に取り残されないために

　現代は，製品やサービスが氾濫している時代である。したがって，社会全体で考えれば，ある一つの企業が存続するか否かはそれほど大きな問題ではない。その中で，企業が自社の価値を社会に認めてもらうためには，自社の存在意義を明確にし，事業を通して社会に貢献していく必要がある。

　それでは，具体的な活動で企業が社会に認めてもらうためには，いったい何をすれば良いのであろうか。簡単にいえば，求められるものを提供することであろう。ただし，これはそれほど安易に実行できることではない。

　求められるものを提供するためには，何が求められているのかを知る必要がある。マーケティングでは，顧客が必要と感じるものを「ニーズ（needs）」と「ウォンツ（wants）」という言葉で表現する。ニーズとは，人間の生活に必要な基本的な欲求である。たとえば，食事をしたい，寒さを凌ぎたい，眠りたいなどはニーズである。ニーズは，人間の生活上必要なものが奪われている状態で強く意識される。ウォンツは，ニーズが満たされた状態で，個別に特定のものが欲しいという欲望を意味している。たとえば，銀座の一流ホテルで食事がしたい，イタリア製の洋服が欲しい，外車に乗りたいなどというものや，具体的なブランドの名称で欲しいものがはっきりしている場合はウォンツと表現される（なお，社会一般の使い方では，ウォンツをニーズに含めて使用している場合もある）。

　ニーズやウォンツは，時とともに変化していく。昨年まで流行していた製品が，今年になると見向きもされなくなるといった現象が毎年のように繰り返されている。こうした変化に対応し，求められるものを企画し提供する活動としてマーケティングは企業で必要とされているのである。

　図1-2のように，継続的に求められるものを察知して提供するという活動は，企業にとっては非常に困難な課題である。たとえ，ある一時点で的確な対応ができたとしても，次もうまくいくという保証はない。また，一度成功をおさめると，同じやり方で効率を高める方向に経営者や担当者の心理は向かいやすくなる。確かに効率を高められれば，より安く製品を顧客に提供できるかもしれない。しかしながら，効率化ばかりを追求すると，顧客が求めているものの変化に鈍感になってしまうこともある。

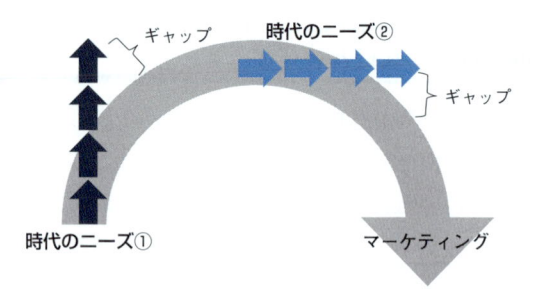

図1-2　時代のニーズとマーケティング

　製品がある一時点で顧客の要望に適合したとしても，一定の時間が経過すれば，次に求められているものとのギャップが生じてしまうことは否めない。

　米国で，H. フォードがフォードT型の生産に固執した結果，顧客の要望に対応できずにゼネラル・モーターズ社の侵攻を許したのは歴史的にも有名な事例の一つである。

　顧客の求めるものや企業間競争など，企業を取り巻く環境は絶えず変化している。マーケティングは，こうした環境変化に対応していくために絶え間なく努力が必要な活動なのである。

1.3　市場活動の2側面

市場の意味

　マーケティングは，「市場（market）」から派生して生まれた言葉である。市場という言葉は，経済学でも使用されるが，マーケティングでの使用方法とは必ずしも同じではない。

　経済学では，需要者と供給者の間で財・サービスの取引（売買）がなされる「場所」を市場と定義する。ただし，この場所の意味は，地理的な場所や特定の空間的な場所ばかりでなく，取引が行われ，売買契約を交わすことができる制度や組織形態といったものや，インターネット上の仮想空間も意味している。「生産物市場」という場合は，生産物の売買が特定の取引場所であろうとなか

ろうと，需要者と供給者が売買契約により生産物の所有権を移転すれば生産物市場での取引ということになる。為替市場，資本市場，労働市場など，その使用方法は特定の地理的場所を念頭に置くものではない。

　自給自足ではなく，分業が行われる社会では，何らかの方法で資源（生産された財・サービスや生産要素）の交換をしなければならない。その役割は，社会主義社会では官僚による計画的な配分に委ねられるが，資本主義社会では，価格による調整を市場が担う。したがって，市場の機能は，需要者と供給者の取引により成立する価格に基づく資源配分にある。経済学の関心は，まさにこの点にあるので，取引の場所としての意味が重視されるのである。

　マーケティング分野でも，文脈の中では同様の使い方をすることがあるが，市場とは基本的には「需要」を意味する場合が多い。たとえば，「携帯電話の市場」とは携帯電話の需要とほぼ同義であり，「この製品には市場性がない」という表現の意味は，製品の需要がないことを意味している。

市場創造・市場調整

　マーケティングでの言葉の使い方を踏まえると，市場という言葉からマーケティングの基本を形成する2つの理念を導出することができる。それは，「市場創造（market creation）」と「市場調整（market coordination）」である。この理念を利用してマーケティングのエッセンスを示すと，市場をどのように創造し，また市場に対して経営資源をどのように調整して活動するのかを計画的に管理する活動がマーケティングであると表現することができる（図1-3）。

　市場創造とは，企業の利益追求の観点から考えた場合には，新規需要の獲得を目標とした理念である。新規需要を企業が獲得するためには，市場構成者である顧客（消費者，使用者など）の注目を集め，期待に応え，満足を継続的に提供することが必要になる。

　市場創造は，マーケティング活動の方向性を示す理念であり，企業の経営レベルにおける市場への接近方法に指針を与える。市場創造のための具体的な指針を「マーケティング・コンセプト（marketing concept）」という。マーケティング・コンセプトは，各時代の要請を反映した理念である。これは次項で詳しく取り上げる。

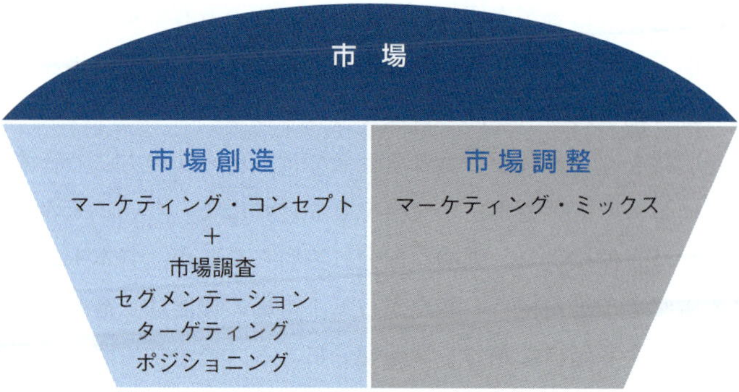

図 1-3 市場創造と市場調整

　市場創造のための手段には，顧客の意向などを調べる**市場調査**や，「**セグメ**
ンテーション（segmentation）」，「**ターゲティング**（targeting）」，「**ポジショニ**
ング（positioning）」などがある。市場創造に関わるマーケティング環境につ
いては**4章**で，セグメンテーションなどの市場選定の方法は**5章**で取り扱う。

　一方，市場調整とは，顧客の要望と企業目標を実現するために経営資源や販
売技法などの使用可能な手段の適切な組合せを考案したり，販売技法間の調整
を図ったりする活動である。一般的には「**マーケティング・ミックス**（mar-
keting mix）」と呼ばれている。マーケティング・ミックスの管理や手段につ
いては**5章**以降で詳しく述べる。

1.4 　時代によって変化するマーケティング・コンセプト

日本におけるマーケティング・コンセプトの歴史的動向

　マーケティング活動に指針を与える基本的な理念を「**マーケティング・コン**
セプト（marketing concept）」と呼ぶ。マーケティング・コンセプトは，企業
や社会の動向によって大きく変化してきた。ここではマーケティングが導入さ
れた前後の日本の様子と今日までの変化の概略を見ながら，各時代のマーケテ
ィング・コンセプトを見ていこう。

【1】 生産志向：終戦直後～昭和 20 年代

　昭和 20 年代前半は，連合国軍総司令部（GHQ）の占領政策によって，非軍事化と経済の民主化が進められた。非軍事化政策と財閥の解体により，日本企業の関心は消費財関係産業に向けられるとともに，財閥系以外の企業の市場参入の機会が拡大した。また，農地改革，労働の民主化などの経済の民主化の基本政策は，大衆消費市場誕生の端緒となる所得の平準化を進めることになった。

　昭和 25 年の朝鮮動乱により特需の機会を得た日本は，輸出の増大によってどん底の状態の景気を回復方向へ向けることができるようになった。企業は，蓄積された資金を設備投資に向け，政府の復興政策にも後押しされて生産能力の拡大に取り組み始めた。やがて，産業の回復による賃金の急上昇と同時に政府の所得税減税政策によって，国内の消費財需要が増加し始めた。

　この時代の市場構造は，製品を購買したい消費者に対して，生産が相対的に小規模であったために，市場に製品を提供するために製造することが第一義に考えられていた。販売業者は，消費者よりも製品を提供してくれる製造業者に対して注意を払って事業をする場合が多かった。このように昭和 20 年代の状況は，生産が優先順位の先頭にくるという意味で，マーケティング・コンセプトは「生産志向」であったと考えられる。

【2】 販売志向：昭和 30 年代～オイルショック

　昭和 31 年の経済白書の「もはや戦後ではない。回復を通じての成長は終わった。今後の成長は近代化によってささえられる」という言葉に象徴されるように，昭和 30 年代の日本経済は，新たな成長に向けて方向を転換する時期を迎えていた。日本生産性本部のアメリカ視察団が昭和 30 年に帰国し，その団長であった当時の経団連会長・石坂泰三氏が羽田空港での記者会見で「アメリカにはマーケティングというものがある。わが国もこれからはマーケティングを重視すべきである」と発言したように，この時期から日本企業はアメリカ合衆国で重要な経営活動の一つとなっていたマーケティングの本格的な導入を始めた。

　この時代に企業がマーケティングに関心を示した主な理由は，大量生産による標準化・画一化した製品を消費者に積極的に受け入れさせることであった。そのために，企業は新しいライフスタイルを提案し，それを受け入れることが

できるように消費者の意識改革を行う必要性を強く感じていた。

　そこで，広告を積極的に投入したり，販売部隊を組織したりするといった需要の拡大のための方策が各企業で実施された。この状況は昭和30年代から昭和48年のオイルショック（第一次石油危機）の頃まで顕著に見られた。この時代のマーケティング・コンセプトは，生産よりも販売が主眼に置かれていたという意味で，「販売志向」と呼ばれる。

【3】　社会志向：オイルショック〜昭和50年代

　昭和48年のオイルショックにより，それまでの企業の成長第一主義的な販売方法に対して，様々な角度から批判が加えられた。まず，大気や河川の汚染などの公害問題に対して，マスコミや市民からの批判が企業に向けられた。また，欠陥製品の販売や販売価格の不当な操作が明るみに出たことによって，消費者の不買運動などの「コンシューマリズム（consumerism）」が台頭した。

　企業はこうした環境変化を受けて，社会的存在としての自覚が求められるようになった。具体的には，使用者のために高性能な製品であっても，それ以外の人に対して有害な製品を市場に出すことや，利益を優先するために消費者の身体に有害な物質を製品に使用したり，生産工程・製品からの排出物の防止策を怠ったりするといった消費者や社会一般から批判を受ける行為の自粛・改善が求められるようになったのである。

　この時代は，企業経営に企業と消費者以外の社会の構成者に対して十分な配慮が求められるようになったために，マーケティングも社会的な要求に応えることを念頭に置いた「ソーシャル・マーケティング（social marketing）」，「エコロジカル・マーケティング（ecological marketing）」などの社会や環境を重視したコンセプトが提唱された。

　企業経営に，社会への配慮や社会貢献が求められるようになった昭和48年前後から50年代後半にかけてのこの時期は，マーケティングにおいても「社会志向」の萌芽期とみなされる。

【4】 競争志向：昭和60年代

昭和60年代に入ると，多くの製品の国内市場は**成熟・飽和状態**に突入した。この状況では，売り手の独自性の発揮は非常に困難なものとなった。

たとえ顧客の求めるものを独自に開発し，ある時期に独占的に顧客の人気を獲得できたとしても，模倣された製品によって市場はすぐに熾烈な競争状態に陥ってしまう。そこでこの時期には，企業は同業種，異業種の動きも察知した上でマーケティングを考える必要性を強く意識した。したがって，企業は市場環境に加えて，競争環境も十分に考慮する必要が出てきた。

この時期は，企業は単なる需要創造活動だけではなく，競争のメカニズムを探り，適切な競争対応行動をとることを要求されるという意味で「**競争志向**」の時期であった。「**戦略的マーケティング**（strategic marketing）」というコンセプトがクローズアップされ，マーケティングが**持続的に他社に対して競争優位を築き上げていく手段**として認識されたのもこの時期である。

【5】 顧客志向・環境志向：バブル崩壊以降

バブル経済の崩壊以降，「**顧客満足**（customer satisfaction：CS）」が改めて重要なキーワードとなった。顧客満足は，元来は最も基本的なマーケティングの理念として存在していた。しかしながら，競争の激化が進むことによって，市場における競争優位の確保が，顧客満足よりも相対的に強調された時期があった。平成の時代になると，企業は競争対応よりも市場において何がしかの価値を作り出し，社会に貢献していくべきであるという理念が再び自覚されるようになった。その結果，本来基底となるマーケティング・コンセプトの一つであった「顧客志向」が現代に至るまで浸透することとなった。

また一方で，環境に対する配慮も現代社会では必須の条件と考えられるようになっている。環境重視のマーケティングは「**グリーン・マーケティング**（green marketing）」と呼ばれる。リサイクルや二酸化炭素の削減など企業活動が地球環境に負荷をかけないように配慮する「**環境志向**」は，世界的に今後も大きな課題であるといえよう。

以上のようなマーケティング・コンセプトの変遷が，日本において総体的に見られたわけであるが，こうしたコンセプトは全ての業界や業種で同時に浸透

していたわけではなく，それぞれが階層的・並列的に各企業で意識され現代に至っている。したがって，市場状況や競争環境の変化によって実社会の現場で意識されるコンセプトの内容は，前述の時代区分のように固定的なものではなく，現代においても生産志向や販売志向が強い企業や業界も存在していることにも注意しよう。

1.5 マーケティング研究の新潮流

　マーケティング・コンセプトの変遷に加え，近年までに盛んに研究がなされてきたマーケティングの領域を，キーワードのかたちで本章の最後に紹介しておこう。これらの詳しい内容は，これ以降の章で紹介していくことになる。

ブランド

　製品に付与される名称を「ブランド（brand）」というが，それ自体に備わった価値の研究をマーケティングでは活発に議論している。"Coca-Cola"や"McDonald"などの代表的なブランドは，その呼称自体が単体として十分な価値を持つという認識が世間一般でもなされるようになった。従来のマーケティングでは，製品の呼称としての機能であると認識されていたブランドが，製品に備わる本質的な価値の一部を構成するものとして現代では議論されている。ブランドに関しては**7章**で詳述する。

リレーションシップ・マーケティング

　新規需要の開拓を主眼に置いたマス・マーケットを対象とする伝統的なマーケティングよりも，既存顧客の維持に着目したマーケティングを「リレーションシップ・マーケティング（relationship marketing）」という。その特徴は**2章**でふれる。

　顧客との継続的な取引を重視したマーケティングには，産業使用者向けの「B to B マーケティング（business to business marketing）」がこれまでにも存在

していたが，リレーションシップ・マーケティングでは，その長所を最終消費者向けマーケティングに採用した点に特徴を見出すことができる。

サービス・マーケティング

　無形のもの（サービス）を提供するマーケティングを「サービス・マーケティング（service marketing）」という。サービスは，有形製品のマーケティングでは十分に説明することができない特徴を持つ。たとえば，核となる便益が無形であること，生産と消費が同時に行われるために在庫ができないこと，サービスの品質がそれを提供する人物によって変動すること，使用権はあるが所有権がないこと，などである。こうした特徴を踏まえて，独自のマーケティングの必要性が現代では認識されている。サービス・マーケティングは**11章**で詳述する。

インターナル・マーケティング

　組織内部に対するマーケティングを，「インターナル・マーケティング（internal marketing）」という。サービス業で顕著であるが，従業員の顧客への態度は，サービスの品質に影響を与える。したがって，従業員に満足を与えるマーケティングの実践なくして，顧客満足の実現はあり得ないという立場から提唱されたマーケティングである。インターナル・マーケティングは，**12章**で取り上げる。

インターネット・マーケティング

　20世紀末からのインターネットの飛躍的な普及により，マーケティングの手段としてインターネット上のウェブサイトや電子メール，またソーシャル・メディアを利用した販売やプロモーションの技法が大量に開発されている。こうしたインターネットを活用したマーケティングを総称して「インターネット・マーケティング（internet marketing）」という。さらに近年では社会環境のデジタル化に対応したマーケティングDX（marketing DX）の浸透が進み始

めている。インターネット・マーケティングは**13章**で詳述する。

以上の研究テーマに加えて，海外に向けてのマーケティングを，「**グローバル・マーケティング**（global marketing）」と呼ぶ。グローバル・マーケティングに関しては**14章**で取り上げる。

＊コラム　マーケティングを分析するための接近方法 ・・・・・・・・・・

マーケティングは社会科学の１分野である。社会科学での対象への接近順序を時間軸で捉えると，「現在」→「過去」→「未来」の順になる。いうまでもなく時間の流れは，「過去」→「現在」→「未来」である（図1-4）。

社会科学の研究は，現在の出来事から分析を始める場合が多い（これを「現状分析」という）。その理由は，現在の出来事は，身の周りの出来事のなかで最も情報量が多いこと，分析をする当事者自身もリアルタイムで実感をともなって対象を観察できること，などのメリットがある。

われわれが学ぶマーケティングでは，市場調査，物流網，販売価格の動向や，消費者の購買心理などの現状分析から課題を見つけようとする。

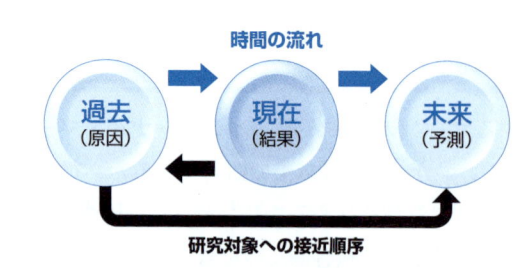

図1-4　時間の流れと研究対象への接近順序

（出所）　立教大学経営学部編（2023）『経営学入門』新世社，p.3。

課題が設定されると，現状の出来事の理由を探る必要性に気づく。現状で現れた出来事には，必ずそれを発生させた理由がある。その理由を究明することが，分析の第一歩となる。現在の出来事は，すべて過去との因果関係（原因→結果の関係）がある。過去から現在への因果関係が説明できれば，今後発生する可能性のある同様な事態に備えることができる。なぜなら，過去と現在の因果関係は，現在と未来の因果関係に類似していると考えることができるからである。

マーケティングは，企業での未来に向けての意思決定の場面で活用されることが多いが，現状分析や過去との因果関係を材料にして，未来に向けての意思決定を行っていることを最初に理解しておこう。

《参考文献》

Aaker, David A.（1984），*Strategic Market Management*, John Wiley & Sons.

Aaker, David A.（1991），*Managing Brand Equity*, Free Press.

Albrecht, Karl（1990），*Service Within: Solving the middle Management Leadership Crisis*, Irwin.

有馬賢治（2006），『マーケティング・ブレンド―戦略手段管理の新視角―』白桃書房。

有馬賢治・岩本俊彦・小宮路雅博編著（1998），『バリュー・クリエイション・マーケティング』税務経理協会。

Bartels, Robert（1970），*Marketing Theory and Metatheory*, Irwin.

Cahill, Dennis J.（1996），*Internal Marketing: Your Company's Next Stage of Growth*, Haworth Publication.

Day, George S.（1984），*Strategic Market Planning: The Pursuit of Competitive Advantage*, West Publishing.

Frost, Raymond and Judy Strauss（1999），*Marketing on the Internet: Principles of Online Marketing*（1st ed.），Prentice Hall.

上沼克徳（2003），『マーケティング学の生誕へ向けて』同文舘出版。

Keller, Kevin L.（1998），*Strategic Brand Management*. Prentice Hall.

Kotler, Philip（2003），*Marketing Insights from A to Z: 80 Concepts Every Manager Needs to Know*, John Wiley & Sons.

久保田進彦（2012），『リレーションシップ・マーケティング―コミットメント・アプローチによる把握―』有斐閣。

McCarthy, Edmund J.（1960），*Basic Marketing: A Managerial Approach*, Irwin.

Sheth, Jagdish N., David M. Gardner and Dennis E. Garrett（1988），*Marketing Theory: Evolution and Evaluation*, John Wiley & Sons.

Porter, Michael E.（1980），*Competitive Strategy*, Free Press.

立教大学経営学部編（2023），『経営学入門』新世社。

2 企業活動とマーケティング

2.1 企業の目的

企業とは何か

　私たちの周りには様々な企業が存在する。分類法にも様々な種類があるが，まずは代表的な観点から眺めてみよう。企業は，国によって捉え方や定義が異なる部分がある。ここでは日本で捉えられている企業の考え方を中心に説明する。

　まず，企業の種類について整理してみたい。企業の分類法にも様々な種類があるが，ここでは代表的なものを紹介する。まず，規模の違いに注目すると，大企業，中小企業，零細企業に大別できる。このなかで，大企業，中小企業は，法人（法律により「人」とされる組織。「人」として権利義務の主体となる資格を認められたもの）の場合が多いが，零細企業では個人（組織ではなく個人の立場で事業を行う者）として経営を行う場合もある。

　次に，目的の違いに注目すると，私企業と公企業に分類できる。私企業は，独立した存在として，経営活動をする企業である。公企業は，国や地域社会のために設立された企業である。

　また，活動の目的が利益を目的としているかどうかによっても企業は分類できる。自身が利益を得ることを目的として活動する企業を営利企業という。営利企業は「会社」と呼ばれる。

表2-1 企業の種類

企業	私企業	営利企業	個人経営	個人商店	フリーランス	タレント	農　家	など
			会社企業	株式会社	合名会社	合資会社	合同会社	など
		非営利企業	組合企業	農業協同組合	生活協同組合	など		
			その他	学校法人	医療法人	NPO法人	宗教法人	など
	公企業		国営企業	国有林野事業	など			
			地方公営企業	市営バス	水道事業	など		
			その他	独立行政法人	特殊法人	公　団	公　庫	など

（出所）　立教大学経営学部編（2023）『経営学入門』新世社，p.8。

表2-2 日本における主な産業分類

A	農業，林業	194	K	不動産業，物品賃貸業	142
B	漁業	13	L	学術研究，専門・技術サービス業	255
C	鉱業，採石業，砂利採取業	3	M	宿泊業，飲食サービス業	373
D	建設業	484	N	生活関連サービス業，娯楽業	225
E	製造業	1,047	O	教育，学習支援業	346
F	電気・ガス・熱供給・水道業	33	P	医療，福祉	892
G	情報通信業	259	Q	複合サービス事業	51
H	運輸業，郵便業	352	R	サービス業（他に分類されないもの）	454
I	卸売業・小売業	1,061	S	公務（他に分類されるものを除く）	249
J	金融業・保険業	166	T	分類不能の産業	106

（資料）　労働力調査（2021年度）。各数値の単位は万人（全就業者数は，6,700万人）。
（出所）　立教大学経営学部編（2023）『経営学入門』新世社，p.8をもとに作成。

　利益を優先するよりも，社会貢献などの目的を達成するために活動する企業を非営利企業という。非営利企業には，民間で経営される私企業と，政府や地方公共団体などの公的機関によって経営される公企業がある。NPOや医療の法人などは民間の私的な非営利企業であり，市営バスや水道事業などは公的な非営利企業である。ここまでの企業の分類を表にまとめると，**表2-1**のようになる。

　最後に，最後に，業種の違いに注目する。大別すると，農林水産業，製造業，サービス業に分類できる。さらに業種を細かくみると，**表2-2**のような多様な業種の企業がある。

このように，私たちの生活全ての側面で企業との関わりは存在する。それでは，前述の多種類の企業に共通する特徴とはどのようなものであろうか。

　端的な特徴を列挙するのであれば，次のものがあげられる。

- ・生産手段を所有する
- ・基本的に営利を追求する組織
- ・独立的な存在

　少し解説してみたい。企業は何がしかを生産し，それを販売することで利益を得る組織である。**1章**でもふれたが，中には営利を目的としない非営利の組織も存在するが，資本主義社会では営利組織が圧倒的に多数となる。したがって，組織を維持し，存続・成長させるために営利の追求が目的とされることになる。また，企業は，国や地方自治体の傘下に置かれた組織ではなく，独立した存在として活動が認められている。他にも，経済学的観点からは，国民経済を構成する基本的な単位である，主体と分離したかたちで労働が存在する，などの特徴があるとされているが，マーケティングを学ぶに際しては，前述の3つの特徴を確認しておこう。

企業の主な目的

　設立の趣旨から考えれば，企業が営利を目的としていることは間違いない。ただし，ここで注意が必要なことがある。それは，企業が利益の追求のために，独りよがりに高い価格で製品を販売することは許されているわけではないということである。

　企業が存続・成長していくためには利益が必要とされる。しかし，その利益は，顧客である企業や消費者が買うことができ，顧客が納得できる適正な価格による取引で得られる利益である。言い換えるのであれば，企業は営利を目的としているが，暴利が許されているわけではないのである。

　企業は，生産手段を有しているわけであるが，生産の目的は最終的には社会や消費生活に還元されなければならない。なぜなら，企業の社会に対する存在価値は，社会や家庭を豊かにすることで発揮されるからである。このために，企業では家庭の豊かさを常に念頭において生産計画が立てられる。社会や家庭

を豊かにすることも企業にとっては重要な目的の一つなのである。

　また，企業は，多くの人々に働く場所を提供している。働いた対価としての給料を得ることで，人々は消費活動が可能になり，生活を豊かにすることができるようになる。マーケティングでは，買い手は消費のみをしている人々と捉えがちであるが，実際には多くの消費者が労働者であり，何がしかの生産活動に関与していることも忘れないようにしよう。

2.2　企業と契約

企業のステークホルダー

　企業は，生産活動を通じて社会に貢献している。また，企業による生産活動は，私たちの生活の様々な面と密接に関係しており，現在の社会では企業と無縁に過ごすことはできない。

　こうした企業は，その活動の側面によって多くの顔を持っている。たとえば，生産者としての企業，資源の使用者としての企業，豊かさを創造する企業，情報発信者としての企業，生活文化を創造する企業，国際社会を演出する企業，就職先としての企業などである。

　企業が多くの顔を有すると，各々の側面に応じて多くの関係者を抱えることになる。こうした企業と関係を持つ人々や組織を，「ステークホルダー（stakeholder）」という。ステークホルダーのもともとの意味は，「賭け金を預かる保管人」を意味しているが，経営学の分野では企業に何らかの関わりを有する「利害関係者」の意味で使用される。

　具体的な企業とステークホルダーの関わりを見てみよう。企業の中で働く従業員や経営者は，彼らが提供する労働の対価として給与の分け前にあずかる利害関係者である。企業に出資する資本家は利益に賭け，その分け前に関心がある。社債を購入した投資家や，貸付けを行った銀行は，債権者として利子所得を受け取ることを期待している。取引先企業は，製品の売買相手としての側面だけでなく，企業間の信用取引に際しては債権者や債務者にもなる利害関係者

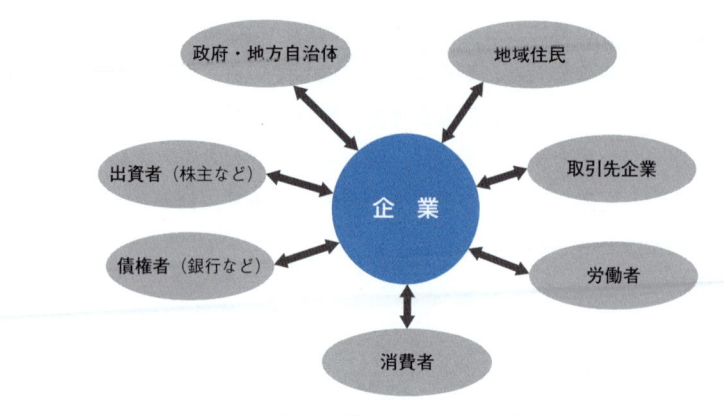

図2-1　企業とステークホルダー

である。消費者は，企業から製品を購入し，満足感を得ようとする利害関係者である。競争相手の企業は，利益をめぐる利害関係者である。国・政府，それに海外政府も，税収や様々な認可・規制などで企業と関わっている。企業が立地する地域の住民は，雇用の機会や地方税の収入といった経済面に加えて，騒音や環境問題などで企業と関わっている。

図2-1のように，それぞれの利害関係者は，共通の利害を持っている場合もあるし，相互に利害が対立する場合もある。

たとえば，資本提供者である投資家は，労働者と利害が対立することがある。企業の売上が一定であるとき，賃金の上昇は資本家の所得を減少させる。その逆も同様である。もちろん，企業の売上増は，両者にとって共通の利益になる。地域住民にとって企業の進出は，雇用の面で期待ができるが，環境の悪化の懸念で対立が生まれることもある。

企業が，活動を継続していくためには，多くのステークホルダーの理解を得る必要がある。マーケティングの側面のみに注目すると，企業と顧客との売買に関わる関係がクローズアップされがちであるが，企業経営全体を見渡すのであれば，**図2-1**で示される全てのステークホルダーとの利害の調整が企業には必要とされることになる。

なお，リレーションシップ・マーケティングの理論の中には，ここで取り上げているステークホルダーとの関係性をマーケティング独自の観点として説明しているものがある。深くマーケティングを学ぶ際には，経営学で取り扱う内

容と重なる部分があるので，用語の使用方法には注意しよう。

　以上のように，企業は多くの関係者との利害の調整活動を通して日々活動している。マーケティング活動を円滑に実行するためには，企業が関係を持つ全てのステークホルダーの納得が前提となっていることも理解しておこう。

企業は契約の束

　企業は，多くの利害関係者と契約を結んでいる。この契約は，書面に記された明示的な契約もあるが，日常の慣習的な暗黙の契約もある。

　まず，明示的契約の具体例を見てみよう。従業員は，会社と雇用契約を結んでいる。ここでは労働内容，労働時間，有給休暇の日数，給料の支払方法，賞与の月数，通勤手当や住宅手当，扶養家族手当の有無など，労働条件に関する様々な契約が結ばれる。

　出資者と交わされる契約では，企業の所有者の権利が定められる。株式会社の場合には，株主総会での議決権や配当の請求権，帳簿閲覧権などの権利が定められる。また，銀行からの借入金も，金銭貸借に関する契約である。

　製品の売買は，消費者や取引企業との間の売買契約である。取引価格や引渡しの時期や場所，アフターサービスなどが決められる。その他にも，国や地方自治体，地域住民との間に結ぶ契約がある。

　次に，暗黙的契約の具体例を見てみよう。取引で使用される伝票の年月日の表示が西暦を使用するのか元号を使用するのかといった慣習は，企業間での暗黙の契約といえよう。

　従業員が，毎朝の朝礼に出席が求められたり，同僚と親睦の場を時間外に持ったりすることなどは暗黙的契約が実行されていると解釈できる。もっとも最近では，時間外での拘束を嫌う若手社員が，親睦会を残業になるのかと問い返す場面もあるという。

　これらの契約関係は，時とともに変化する。特に暗黙的契約は，知らず知らずのうちに変わってゆく場合が多い。企業と従業員の間に交わされる契約関係は，労働時間重視から，仕事の成果に移行しつつある。経営者と株主の関係は，外国人株主の増加やヘッジファンドなどの年金基金を運用する機関投資家などの存在によって変化するし，株主代表訴訟の費用でも変化する。消費者との関

係も，PL（Product Liability：製造物責任）法などによって影響を受ける。

　このように，企業は様々な条件のもとで，様々な利害関係者との間で契約を交わしている。その意味で，企業は「契約の束」によって存在していると考えることができるのである。

2.3　企業の基本的5活動

企業の仕事

　マーケティングから眺めた場合には，企業でなされる仕事は販売に関わる部分が大半を占めているようにも錯覚する。しかしながら，企業での仕事は多面的であり，マーケティングと関わらない仕事も多く存在している。ここでは，企業でなされる基本的な仕事の種類に注目してみよう。

　企業の仕事を見ると，原材料あるいは製品を仕入れる購買活動，これを機械や労働力によって加工する生産活動，生産した製品を売却し，収入を得る販売活動がある。また，企業に関わる金銭を扱う財務活動，企業で働く人々に関わる人事活動も重要な仕事である。

　もちろん，業種によってその活動は多様である。証券会社や銀行などの金融業，外食産業，人材派遣会社，通信事業などのサービス業や，卸売業，小売業といった流通業など，製造業とは異なる活動が行われている。しかし，ここでは応用範囲が広く，マーケティングの学びにあてはめやすい製造業を中心とした仕事を代表例として説明していこう。

【1】　購買活動

　購買活動は，主に他の企業との取引が仕事の中心となる。生産計画にしたがって，どれだけの原材料が必要になり，それが確保できるのか。仕入価額は予算内に収まるのか。品質に間違いはないか，納期に間に合うのかなど，生産活動に入る準備段階の仕事を行う。

　原材料や製品の仕入値を値切ることができれば，原価を低下させることがで

きる。これによって企業の利益獲得の機会が増大する可能性が広がることになる。購買先企業との交渉力は，企業利益に影響を与える。

　しかし，購買活動は，現実には生産活動と同時に進行するものでもある。なぜなら，企業の創業時を除いて，生産活動は毎日行われており，必要な原材料は生産活動に合わせて調達しなければならないからである。必要なときに原材料が不足すれば，生産はストップしてしまう。逆に，余分な原材料を抱えすぎれば，余分に資金が必要になる。

　トヨタの「かんばん方式」は，生産に必要な手持ちの原材料をできるだけ少なくし，必要な時点で必要な量の原材料を抱えるという効率的な在庫管理を行った。購買活動の仕事がうまくいくか否かは，生産活動や販売活動との連携と密接に関わっているのである。

【2】　生 産 活 動

　生産活動は，人の労働力と機械設備などを結合することで，原材料を製品に加工する活動である。短い時間に多くの製品を生産する活動は，生産性が高いといわれる。たとえば1台当たりの自動車の生産時間が短くなれば，自動車1台にかかる労働コストや電気代などのコストが低下したことになり，より安い原価で生産できたことになる。原価を低下させることができれば，他社に対する競争力が高まったことを意味している。生産性の向上は，個々の企業にとって利益を増加させる有効な手段である。

　しかし，生産過程で原価を低減させることは容易なことではない。全ての企業が原価を引き下げる努力をし，技術の改良・改善に取り組んでいる。また，生産現場では流れ作業の方法，順番や配置などの工夫によって，生産時間を短縮させる努力をしている。分業や協業の最適なあり方を試行錯誤により見つけようとしているのである。

　大量生産による規模の利益を追求しようと思えば，固定費が増大する。したがって，固定費を回収できるだけの生産量が見込まれなければ，大量生産は実施できない。これは，生産量の見込みが生産方法を決定することを意味している。すると，生産量は何によって決まるのかという次の問いが出てくる。これは，販売量によって左右されることになる。したがって，販売活動もまた生産活動と密接に結びついていることを意味している。

売れるものを作ることがマーケティングの基本的な考え方であるが，生産活動の観点からも適正な生産量のために販売量をあらかじめ把握しておくことが求められているのである。

【3】　販　売　活　動

　販売活動は，企業の収入を獲得するための活動である。販売，すなわちマーケティングが，購買活動や生産活動の枠組みを決定していく。

　販売活動を異なる観点から眺めれば，費用回収の活動でもある。つまり，販売活動によって，購買活動や生産活動に費やした費用が回収されるのである。販売ができなければ，既に投下した費用が回収できず，企業は生産活動を継続することはできなくなる。その結果，生産した製品は倉庫に在庫として山積みされ，賃金や電気代などの諸経費も稼げなくなってしまう。企業間信用（製品の仕入を現金で決済せず，売上までの一定期間支払いを猶予してもらうもの。手形や掛取引をいう）で仕入れた原材料の代金も支払うことができなくなる。それゆえ，販売活動がうまくいかなければ，企業活動の全てが機能不全に陥ることになる。

　顧客が何を必要とし，どのくらいの価格であれば購入する意思を持っているのかを知ることは，販売活動に指針を与える。そのために顧客の好意を向上させ，顧客の満足感と同時に企業の利益を獲得しなければならない。市場競争の最前線は販売活動であり，市場調査や広告などのマーケティングの諸活動が企業活動全体においても重視される理由は，企業に利益をもたらす直接的な活動であるからである。

　仕事の流れは，購買―生産―販売という順序に進むが，経営者の意思決定は販売，すなわちマーケティングから始まる。顧客は何を欲しているのか，いくらの価格で設定すべきか，どこで販売すべきか，何を告知すべきか，これらの総合的な決定により，生産の種類や方法，規模が決定され，購買・使用すべき資源の量や質が決まることになるのである。

【4】　財務と人事活動

　企業が利益を得るための直接的な活動は，購買・生産・販売という３つの活動に区別できた。この他に，利益を得るための活動を間接的に支える財務活動

と，働く人の管理・配置・評価などをする**人事活動**が企業では行われ，それら
を円滑に機能させるために企業の組織形態は工夫されている。

　財務活動は，資本を調達する活動と，この調達した資本を運用する活動に大
別できる。具体的には，証券市場や銀行から調達した資金，あるいは企業自身
で稼いだ利益の一部を利用し，これを生産や営業を行うための資産の購入に充
てる活動である。

　企業の創業時や新規の投資計画を実施する場合に限らず，企業は常に貨幣を
何らかの資産に変える活動を行っている。貨幣のままでは生産活動は行うこと
ができない。つまり，資本調達は，日々の資産運用のために必要であり，その
活動は，購買や生産，販売活動を通じて企業の全ての活動に関わっている。

　財務とは，できるだけ有利な条件で資本を調達し，より高い利益をあげる運
用先を見つける仕事である。資産運用を間違えれば，調達した資本は活かされ
なかったことになり，希少な資本を無駄にすることになる。

　また財務活動では，こうした資本調達と運用に加えて，日々の決済のために
現金を管理することも重要な仕事である。これらは，**経理**と呼ばれ，会計に関
わる仕事である。

　一方，人事活動は，企業の労働力を確保し，労働力を使用する活動である。
財務活動が資本市場から資本を調達し，これを運用する活動であるように，人
事活動も労働市場より労働者を雇用し，労働力を企業活動に使用するものであ
る。別のいい方をすれば，財務活動が企業の「もの」を中心とした活動である
のに対し，人事活動は「ひと」を中心とした活動になる。

　財務と人事は，企業収益の分配では密接な関係がある。賃金の上昇（減少）

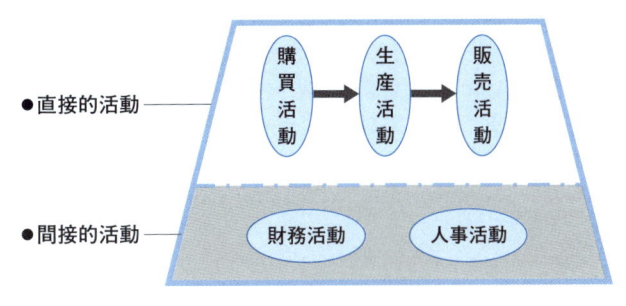

図2-2　企業の基本的5活動

は利益の減少（増大）であり，株主と従業員との間に立つ経営者にとっては，きわめて深刻な利害調整問題である。このように，財務と人事の両活動は，有機的な関わりを持って企業の全活動に関わっている。

　ここで紹介した企業の基本的5活動を図示すると，**図 2-2** のようになる。

＊コラム　株式会社制度の概要 ・・・・・・・・・・・・・・・・・・・・・・・・・・・・・・

　現代の企業の多くは「株式会社」である。日常でもよく見聞きする言葉である「株式会社」とはどのようなものであろうか，ここでは，その特徴と概要について説明したい。

　株式会社制度の歴史は古く，1602 年に設立されたオランダの東インド会社が起源とされている。株式会社は，発起人が株式会社の目的，商号，本店所在地，出資額，発起人の氏名・住所等を記載した定款を作成することで設立することができる。かつては設立にあたっての資本金が 1,000 万円必要であったが，会社法の改正により現在では 1 円から設立が可能になった。

　株式会社は，株式を発行し証券市場で売却する。そして，売却して得られた貨幣で生産資本（設備や労働力）を購入し，生産・販売活動を通じて徐々に回収していく。株式は売却されるものであるため，原則的に購入者に返済する必要はない。

　株式会社では，会社に関わる全員が有限責任社員であり，仮に倒産した場合でも，当事者が全ての借金を返済する義務は生じない。また，資本家が有価証券化された株式の売買を自由に証券市場で行うことも可能になった。これによって投資家も投資額が最大限の責任範囲となるため，過大なリスクを避けることができるというメリットがある。そして，株式は譲渡自由なので，株主が適宜証券市場や店頭公開などで株式を売却して自主的な回収も可能である。こうした特徴によって，不特定多数の出資者を募ることができ，資本家・事業者ともに他の会社制度よりは相対的に低リスクで事業のための大きな資本を獲得できる可能性が高まったために，全世界に普及した。

　さらに，資本家は経営に直接的に関与することなく，経営者が多数の資本家の利益のために代理人として働く，所有と経営が分離するという特徴もある。

　株式を購入すると株主となる。株主は，出資に対する権利（議決権）を株主総会で行使することができる。株主総会では，株主は 1 株につき 1 個の議決権を有する。したがって，複数の株式を所有する場合には，持ち株数に応じた議決権を有することになる。

　株主総会で株主は，経営（計算書類の承認，利益配当の決定，取締役・監査役等の選任や解任，定款の変更，会社の解散や合併等の内容）に参加する権利である議決権，利益の分配にあずかる権利である利益配当請求権，会社が解散する際の残余財産分配にあずかる権利である残余財産分配請求権を，所有する議決権の数に応じて決議に参加することができる。

　証券取引所で株式が売買される株式会社は，株式数，株主数，取引規模などに応じて一部上場，二部上場などの分類がある。取引される企業は日本の株式会社の一部で

あり，株式を公開していない株式会社も多数存在している。

　以上が株式会社の基本的な特徴であるが，会社法の改正などで組織形態などは変化している。詳しく学びたい場合には，経営学の入門テキストなどを参考にしてほしい。

2.4　企　業　理　念

PDCA サイクル

　企業の経営者は，利益（株主の富）最大化の目的を達成するために計画を立案し，これを実施するために様々な資源を調達・結合して組織を作り，これを実行する。実施された計画は，その成果を点検・評価し，計画の修正が必要であるか否かを判断する。そして，実施状況の誤差を確認して処置・改善を行い，新たな計画が立てられることになる。

　この一連の過程を，「PDCA サイクル（Plan-Do-Check-Action Cycle）」という。この4段階を順次行い，一巡した後に次の PDCA サイクルにつなげる。このときに，螺旋を描くように1周ごとに内容を向上させていくことで継続的な業務改善が意識されることになる。

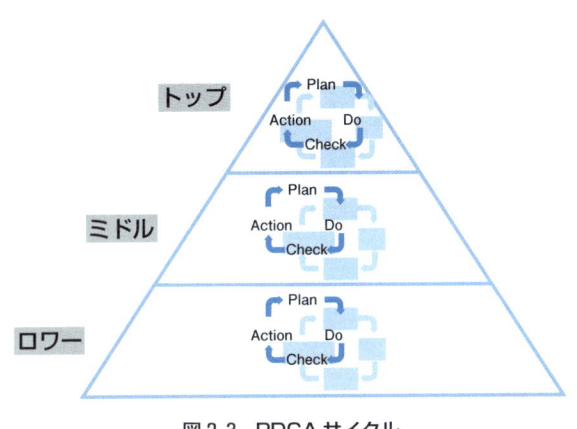

図2-3　PDCA サイクル

このPDCAサイクルを回していくことが経営者の主要な仕事である。もちろん，PDCAサイクルは，トップの経営者のみが担う仕事ではなく，ミドル，ロワーの管理者にも求められる仕事である。各階層の役割に応じて適切なPDCAサイクルを回していくことが，企業全体の成長につながる。この様子を図示すると，**図2-3**のようになる。

ドメイン

トップ・マネジメントの計画は，企業活動の枠組みを決定する。それは，企業の活動領域を決めるものであり，どのような財・サービスをどのような市場に提供するのかという指針を与える。すなわち，トップ・マネジメントの仕事は，企業という組織がその外部環境とどのような関わりを持つのかを決めることから始まる。これを企業のドメイン（domain：事業領域）の決定という。

経営者は，現在の事業に縛られるのではなく，自社の持つ経営資源を有効に利用するための将来展望を持ち，このドメインを決定しなければならない。

ドメインでは，事業の活動を制約しない大きな意味の言葉で企業が向かう方向性を示す必要がある。これによって，組織メンバーや顧客に対して一定の共通認識がイメージできるようになる。

事業の範囲や方向性を決めることは，蓄積すべき経営資源のガイドラインを示すことでもあり，経営資源の配分を決める際の基準を提供する。また，従業員の自覚や誇りの確立するのにも貢献する。

ドメインの決定は，具体的な事業活動に活かされて初めて意味を持つ。それは，事業の種類や規模，企業組織のあり方，利害関係者との関わり方に結びつく。すなわち，企業の外部環境になる資本家の種類，株主や金融機関，証券市場との関係，消費者，納品業者，政府機関，地域住民などとの関係により決まってくる。ドメインの決定が利害関係者との契約関係の大枠を規定することになる。

なお，次章では，経営戦略の文脈から改めてドメインについて取り上げる。

マーケティング・マイオピア

　ここでは，マーケティングの観点からドメインを取り上げた有名な事例を紹介してみたい。レビット（T. Levitt）による「マーケティング・マイオピア（marketing myopia）」である。

　レビットは，20世紀前半でのアメリカの2つの産業を例にしてドメインを狭隘に定義することの危険性を指摘している。

　まず，アメリカの鉄道会社は，線路を敷設し電車を走らせる「鉄道」をドメインと定義し，その後のモータリゼーションの発達に対応できなかった。レビットは，「鉄道」ではなく「輸送」をドメインと捉えていたのであれば，多様な交通機関の発展に事業機会を見出せたことを指摘した。

　また，ハリウッドの映画産業は，自らの事業を映画のための「フィルム製作」と捉えたため，その後のテレビの発達に対応できなかった。レビットは，「フィルム製作」ではなく「娯楽」と事業定義をしていれば，現代的にいえば新たなコンテンツ・ビジネスの事業機会を見出せたであろうと指摘した。

　この2つの事例から，自社のドメインを狭く解釈しすぎて変化への対応力を失ってしまうことや，現在の製品の成功に酔い，変化に適切に対応しようとしなかった企業の姿勢をレビットは近視眼（myopia）と呼び，近視眼的発想からの転換を提唱したのである。

　ここでみられる議論のように，ドメインを企業が現状で提供できる製品・サービスに限定してしまうと，市場環境の変化に対応できなくなる可能性を将来に向けて抱えることになる。そこで，発想転換の枠組みとして，ドメインを顧客の求める便益，問題解決から考えることの重要性をレビットは指摘したわけである。たとえば，化粧品会社は，化学薬品の製造ではなく"美の提供会社"と捉えることで事業の幅（たとえば，エステティックサロンや美容サプリの提供など）が将来的に広げられる可能性が高くなるわけである。

　現代においても，企業がこうした近視眼的な方針に陥る危険性は常に潜んでいる。ドメインの決定の難しさは，企業経営においては永続的な課題であると捉えることができる。

ビジョン，ミッション

　企業はドメインを決定した後，次に決めなければならないことは何であろうか。企業は，多くのステークホルダーが関わる組織である。したがって，関係者が同じ方向に向かうことができる目標を掲げることが必要となってくる。特に，経営者や従業員が目標を共有できなければ，債権者や顧客などには何のために活動している企業なのかが不明瞭に映ってしまうであろう。

　企業が「何のために」「誰のために」活動するのかを明示するために言葉で示される目的や目標を「ビジョン（vision）」，「ミッション（mission）」と呼ぶ。

　ビジョンとは，将来のある時点でどのような発展を遂げていたいのか，成長していたいのか，といった企業の未来像を意味している。具体的には，企業の「将来あるべき姿」に至るために重視している経営理念をスローガンなどの端的な言葉で表現して行動規範として内外に示している場合が多い。

　ビジョンは，従業員に受け入れられるだけでなく，広く利害関係者全員に認知されることが望ましい。企業が変わるべき方向を示し，従業員のなすべき道標となるビジョンが，企業内外で求められる基本的な理念なのである。

　ビジョンは，もちろん経済的目的と矛盾する関係にあっては意味がない。理念がどれほど高尚なものであっても，企業の存立基盤が失われては無意味だからである。こうした要素を総合的に検討して，企業はその活動の前提となるビジョンを策定する。

　一方，ミッションとは，基本的には「任務，使命」を意味する言葉である。企業におけるミッションとは，その企業の根本的な目的と社会における自社の存在意義や果たすべき使命を指している。ミッションは，「ミッションステートメント（mission statement）」というかたちで文字として表現され，文章化される場合もある。

　企業では，ミッションが従業員に仕事の方向性と目的を与え，意思決定の判断基準となり得る行動指針にできることが理想であると考えられている。

　ミッションは，主に企業内部で共有され，ミッションが達成されることによって，ビジョンで掲げられている未来像の実現可能性が高まると考えられている。ビジョンを掲げ，ミッションを達成し，社会的にも評価の高い企業を，「ビジョナリーカンパニー（visionary company）」と呼ぶ。

企業は，単に利益を得るためだけに存在しているのではなく，ミッションを持ち，ビジョンの実現に向けて活動をしているのである。マーケティングの観点から考えた場合，顧客に満足を与えるなどの目標達成と，企業全体への利益の獲得，さらに社会に対する貢献が，ビジョンやミッションを達成するためのゴールとなることを改めて理解しておこう。

　なお，ビジョン，ミッションは，企業の経営戦略の議論においても重要な概念なので次章で引き続き取り上げる。

《参考文献》

有馬賢治（2006），『マーケティング・ブレンド―戦略手段管理の新視角―』白桃書房。

有馬賢治・岩本俊彦・小宮路雅博編著（1998），『バリュー・クリエイション・マーケティング』税務経理協会。

J.B.バーニー，岡田正大訳（2003），『企業戦略論［上］　基本編―競争優位の構築と持続―』ダイヤモンド社。

伊丹敬之・加護野忠男（1989），『ゼミナール経営学入門』日本経済新聞社。

亀川雅人・有馬賢治（2000），『入門マーケティング』新世社。

亀川雅人・鈴木秀一（2011），『入門経営学［第3版］』新世社。

T.レビット，土岐坤訳（1983），『マーケティングの革新―未来戦略の新視点―』ダイヤモンド社。

村松司叙（1991），『現代経営学総論』中央経済社。

V.オブライエン，奥村昭博監訳・吉川明希訳（1996），『MBAの経営』日本経済新聞社。

立教大学経営学部編（2023），『経営学入門』新世社。

山城章（1970），『経営学全書1　経営原論』丸善。

3

競争とマーケティング

3.1 経営戦略の基本概念

企業の存続・成長

　企業は，常に変化する環境の中で生存・成長していく組織体である。企業の業績は，自らを取り巻く環境への対処の巧拙によって大きく左右されることになる。同じ業界の中でも，環境の変化に柔軟に対応して好業績を維持する企業がある一方で，環境の変化に対応できずに倒産もしくは廃業に追い込まれる企業も存在する。企業は生物と同じように，各々が活動するのに適した環境において，絶えず十分な栄養が補給されなくてはならない。

　企業を取り巻く環境は無限であり，将来を完全に見通すことは不可能であることから，環境に適応するのは難しい。多くの環境変化は知らないうちにやってくる。また，正しいと思っていた栄養補給の方法が，大きな過ちであることもある。かつて日本の家電メーカーが生み出す製品は，圧倒的な競争力を有し，世界の市場を席巻した。液晶テレビや携帯電話，音楽プレイヤーなどがその一例である。近年になり，長年にわたり製品・技術開発の**フロントランナー**としてイノベーションを先導してきた日本企業に変わって，韓国企業や中国・台湾等のアジア企業が急速な成長を遂げた。

　さらに，急速に台頭した**デジタル経済**において，日本企業の存在感は著しく低下することになった。こうした背景の一つには，日本企業はデジタル経済への

移行や脱・モノづくりの必要性を認識しつつも，IT 投資の規模は諸外国と比べ大きく見劣りし，デジタル化の波にうまく対応できなかったという状況がある。

戦略と戦術

いつの時代も，変わりゆく環境に適切かつ創造的に対応できる企業が成長を遂げていく。そこでは，限りある経営資源を効果的・効率的に活用することが求められる。経営資源とは，企業が日々の経営活動において利用することができる資源であり，「人的資源（ヒト）」，「物的資源（モノ）」，「資金的資源（カネ）」，「情報的資源（情報）」の 4 つに分類される。企業の経営戦略は，企業が保有する，あるいは利用することができる，これら 4 つの経営資源に大きく依存している。

経営戦略とは，自社を取り巻く環境とその変化に対応・適応していくために何をすれば良いか，ということを明らかにするものである。そこでは，日々変化していく環境に対して，事業の担当者や部署が場当たり的に対応していくのではなく，長期的な視野のもとで展開されねばならない。このような長期的視野から全体を見据えて，目的や行動等を策定していくのが「戦略（strategy）」である。一方で，長期的視野から個々の事業における環境対応・適応を柔軟かつ適切に実施・判断していくのが「戦術（tactics）」である。したがって，経営戦略とは未来志向性という特徴を有しており，企業が現時点で直面している環境のみを考慮して対応策を検討するのではなく，環境がどのように変化していくかを見極めた上で，現在あるいは近い将来に打つべき手を考えていくことである。企業が存続・成長し続けていくのは，ここでいう戦略と戦術を駆使することであり，戦略を持たずに日々の業務成果の最大化にばかり関心を持っている企業は，長期的に見ると危機に陥りやすいといえる。

戦略と戦術という用語を使用したが，もともと「戦略」という言葉の語源は軍事用語である。それは，軍事目的を遂行するための大規模な計画や方法，兵力などの軍事的資源の配分を指し，戦争全体の総合的計画を意味している。他方，戦争状態に入った場合の具体的な戦闘方法については，「戦術」という言葉が用いられ両者の間に階層的な区別がなされている。戦略という言葉が企業の経営活動に関係して使用されるようになるのは，チャンドラー（A. D.

Chandler, Jr.）の『経営戦略と組織』やアンゾフ（H. I. Ansoff）の『企業戦略論』による。「戦略」という用語について，チャンドラーは「戦略とは一企業体の基本的な長期目的を決定し，これらの諸目的を遂行するために必要な行動方式を採択し，諸資源を割当てること」と定義している。一方でアンゾフは，戦略の概念として「（1）企業の事業活動についての広範な概念を提供し，（2）企業が新しい機会を探求するための個別的な指針を設定し，（3）企業の選択の過程を最も魅力的な機会だけにしぼるような意思決定ルールによって企業の目標の役割を補足する」という点を提示している。

経営戦略の階層

　アメリカの巨大企業がますますその規模を拡大し，多様な事業部門を抱える多角化した組織になったことを背景として，1960 年代以降，経営戦略論の議論が発展していくことになった。企業のトップ・マネジメントは，企業の向かうべき方向についての指針を必要とし，全社的な資源配分についての枠組みを期待していたのである。経営戦略論では，**図 3-1** に示す通り，経営戦略を 3 つのレベルで捉えるのが一般的である。

　ピラミッドの頂点に来るのが「**企業戦略**（corporate strategy）」である。企業は，単一の事業を展開する場合もあるが，多くが複数の事業群（複数の製品・サービス，事業の展開）で構成されている。その際，限られた企業の経営資源をどの事業にどれだけ投入するか，企業全体の観点から，事業領域の決定

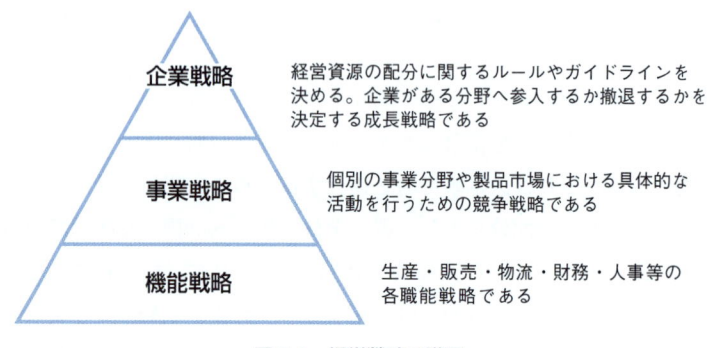

図 3-1　経営戦略の階層

と各事業への経営資源の配分に関するルールやガイドラインなどが決定される。

2番目の階層，「**事業戦略**（business strategy）」は，企業戦略で規定された経営資源やルール等に則り，個別の事業分野や製品市場における競争優位を確保するための具体的な戦略が策定される。

そして，経営戦略の3番目の階層が「**機能戦略**（functional strategy）」である。機能戦略は2番目の階層である事業戦略と密接に関わってくるものであり，生産・販売・物流・財務など各機能分野における戦略である。

経営戦略を規定するビジョン

経営戦略の立案・展開において重要な役割を果たすのが「**ビジョン**」である。ビジョンは大きくは3つから構成される。自社の企業理念や経営ビジョン，あるいは存在意義を表す「**フィロソフィー**（philosophy）」，事業を通して果たすべき役割・使命を表す「**ミッション**（mission）」，そこでの目標や将来像を表す「**ゴール**（goal）」である（**図3–2**）。ビジョンは，前章で述べたように企業が目指すべき方向性を表すものであり，それは組織の構成員の具体的な行動を方向づけ，その統合において大きな効果を発揮する。明確なビジョンの策定は，戦略の策定のみならず，戦略の展開の際にも重要な役割を果たすのである。

ビジョンの策定が行われ，企業が目指すべき将来像が明確にされたのちに，具体的な戦略策定が開始されることになる。

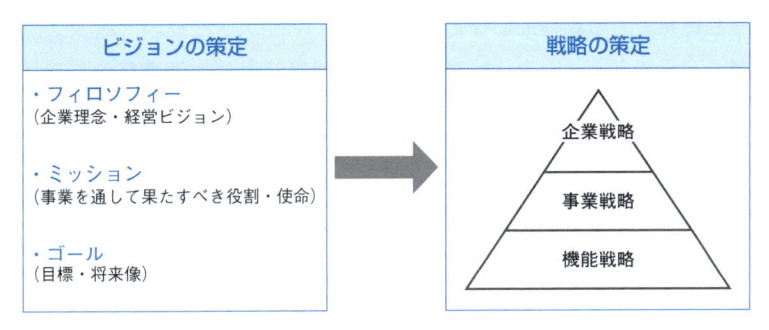

図3–2　ビジョンと戦略の策定

3.2 企業戦略の体系

ドメインの重要性

　企業戦略では，企業を取り巻く環境と企業が所有する経営資源の組合せから，企業全体としての活動領域，すなわち事業を展開する場が決定される。前章で述べたように，このような企業の活動領域を「ドメイン」と呼ぶ。どのようなドメインで事業を展開するのか，これが描けねば企業活動はスタートしない。ドメインの決定は，製品と市場の組合せによる組織の活動範囲を決定するものであり，ビジョンの内容・方向性に大きく規定されることになる。

　エーベル（D. F. Abell）は，ドメインは「顧客層（C：Customer)」，「顧客機能（F：Function)」，「技術（T：Technology)」の3つの要素から定義されるとしている（それぞれの頭文字をとって「CFT」と呼ぶ）。顧客層とは，製品・サービスによって満足を享受する主体であり，顧客機能とは顧客のニーズを意味し，技術は顧客ニーズを実際に満たす方法である。

　ドメインを物理的に定義すると，企業の活動範囲は狭い領域に限定されやすく，それゆえに変化の方向性を構想したり，発展の展望を描きにくくなる。すなわち，前章でレビットが「マーケティング・マイオピア」として指摘したように，アメリカの鉄道業が長い歴史の中で衰退していったのは，自らのドメインを「鉄道事業」と物理的に捉えてしまったことが大きな要因であった。鉄道会社は，自らのドメインを「輸送事業」と捉えていれば，鉄道を輸送の手段の一つとして捉えることができ，代替的な輸送手段である自動車（乗用車・トラック）や航空機などの台頭を新しいビジネスチャンスとして捉えることができたのである。エーベルが定義する3要素からドメインを考える重要性を認識させる事例といえよう。

ドメインの決定

　ドメインを決定するということは，企業の活動領域を決めることを意味する。

同時に，企業が活動しない領域を決めることでもある。ドメインを拡大しすぎ
たために，経営資源の有効な活用ができず経営力や競争力を低下させてしまう
企業は少なくない。ドメインの決定には，企業全体としての成長を最大化させ
るための重要な意思決定が必要とされる。

　以下では，ドメインの決定において有名な BCG と GE のポートフォリオ・
マトリクスを紹介しよう。

【1】　BCG の事業分析：プロダクト・ポートフォリオ・マネジメント

　BCG（ボストンコンサルティンググループ：Boston Consulting Group）の
「プロダクト・ポートフォリオ・マネジメント（Product Portfolio Management：PPM）」は，市場の成長性と相対的マーケットシェアをもとに製品とブランドを分類し，企業が投入すべき経営資源を決定するものである。

　PPM の考え方は，図 3-3 に示すようなポートフォリオ・マトリクスから解
説される。ポートフォリオには資産の組合せという意味があるが，ここでは企
業の事業が大きく 4 つの組合せとして位置づけられている。図の縦軸には市場
成長率がとられ，横軸には相対的な市場占有率（マーケットシェア）がとられ
る。市場成長率とは市場全体の年間成長率であり，相対的市場占有率とは最大
のシェアを持つ企業の売上高に対する当該企業の売上高の比率を指している。

		（相対的）市場占有率	
		高	低
市場成長率	高	花　型 (Stars)	問題児 (Question Marks)
	低	金のなる木 (Cash Cow)	負け犬 (Dogs)

図 3-3　BCG によるプロダクト・ポートフォリオ・マネジメント

（出所）　Kotler, P.（1999）, *Marketing Management*（10th ed.）, Prentice Hall, p.69.

左下の「金のなる木（Cash Cow）」は，市場成長率は低いがその市場で高い
マーケットシェアを獲得している事業である。市場成長率が低いということは，
成熟した市場を意味している。成長市場ではないので追加的な投資の必要性は
小さく，その一方で，市場シェアが高いために回収されるキャッシュは大きい。
企業全体の大黒柱となる事業である。
　左上の「花形（Stars）」は，高い市場成長率のもとで高いマーケットシェア
を占めている事業である。高いシェアなので回収されるキャッシュは大きいが，
その一方で市場が成長しているため，生産設備の増強や店舗の新設など投資額
は大きい。相対的シェアを高いまま維持できれば，市場が成熟化した段階で
「金のなる木」になることが期待できる。
　右上の「問題児（Question Marks）」は，高い市場成長率ではあるが，マー
ケットシェアが低い事業である。市場成長率が高いために，多額の投資資金が
必要になる。その資金は，「金のなる木」や企業外部から調達しなければなら
ない。シェアが低いために，業界内で勝ち残ることができなければ，利益をあ
げることができず，キャッシュの回収ができなくなる。
　「負け犬（Dogs）」は市場成長率は低く，そこでのマーケットシェアも低い
事業である。市場成長率もマーケットシェアも低いため，追加的な投資の必要
性はない。しかし，キャッシュを回収することもできないため，製品の在庫を
全て販売し，製造を中止して撤退するしか道はない。
　ところで，各製品もしくは事業単位は時間の経過とともにマトリクスに配置
される位置を変えていく。したがって，企業は製品や事業のポジションのみを
検討するのではなく，将来の道筋についても検討する必要がある。この検討は
重要であるが難しい。BCG の PPM は，作るべき製品や参入すべき事業，撤
退すべき製品や事業のガイドラインを提供してはいるが，企業戦略としてのマー
ケティング戦略を策定するには十分とはいえない。「金のなる木」に再投資
を続けねばならない場合もある。「負け犬」が「金のなる木」になることもあ
るし，「花形」がキャッシュを回収できないまま撤退せざるを得ないこともあ
る。業界内のポジションを知る有効な手段ではあるが，業界分析と顧客分析を
同時に関連させながら，さらにマーケティング環境の多角的で詳細な分析がな
ければ対象市場を決定することはできない。

【2】　GEの事業分析：多要因ポートフォリオ・マトリクス

　GE（ゼネラル・エレクトリック）は，市場魅力度と競争ポジションという2次元マトリクスにより**多要因ポートフォリオ・マトリクス**を開発した（**図3-4**）。図の縦軸に示された**市場魅力度**は，市場規模や年間市場成長率，収益性の動向などにより測定される尺度である。横軸の**競争ポジション**は，マーケットシェア，シェアの変動，製品の質などを尺度にしているが，その基準は各企業が任意に選定する。マトリクス内部にある円の面積は市場全体の大きさを示し，円の中の扇型は当該製品や事業のシェアを表している。

　この図において，左上の3つのセルは投資すべき強い製品・事業であるのに対して，右下の3つのセルは，清算や撤退を考えるべき製品・事業である。図の対角線上にある白いセルは，左下から利益の稼ぎ手，平和的事業（中程度のもの），問題児に分類される。

　このポートフォリオ・マトリクスにおいても，時間の経過にしたがって，各事業の位置が変化する。経営者の仕事は，そのポジションを予想することであり，環境分析と同時に，製品のライフ・サイクル（91ページ参照）などを考慮した分析が必要になる。図中の矢印は，その方向や進行速度（矢印の長さ）

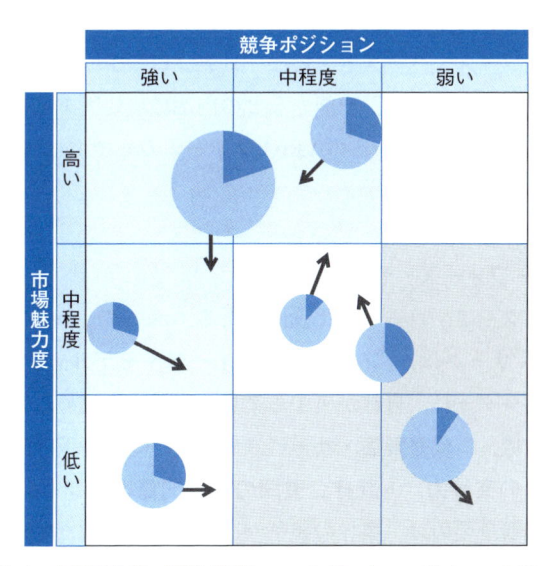

図3-4　市場魅力度・競争ポジションのポートフォリオ・マトリクス

（出所）　Kotler, P.（1999），*Marketing Management*（10th ed.），Prentice Hall, p.71.

を示している。

3.3　事業戦略とマーケティング戦略

競争戦略の展開：事業戦略

　企業戦略により企業が参入または撤退しようとするドメイン（事業領域）が決定すると，選択した事業領域の中で競争に勝ち抜くための戦略が策定される。それは，企業の役割や使命を達成するために，選択されたドメインの中でうまく事が運ぶように経営資源を投入することである。これを「事業戦略」と呼ぶ。

　事業戦略では，競争者に対して競争上の優位な地位（競争優位性）を確立するための競争戦略が展開される。企業が競争優位性を構築するためのアプローチは，大きくは２つ存在する。一つは，ポジショニング・アプローチと呼ばれる，企業の外部環境や市場地位を重視する考え方であり，ポーター（M. E. Porter）のファイブ・フォース・モデルによる分析がその代表である。もう一つは，RBV（リソース・ベースト・ビュー）アプローチ（資源アプローチ）と呼ばれる，企業が保有する資源や能力などの内部環境要因を重視する考え方であり，バーニー（J. B. Barney）のVRIOフレームワークによる分析がその代表である。

【1】　ファイブ・フォース・モデル

　ポジショニング・アプローチの代表例である，ポーターが提唱した業界構造分析のフレームワークは，「ファイブ・フォース・モデル（5 force model）」と呼ばれる。ポーターは，自社が属する業界の収益性を決める競争要因として，①新規参入の脅威，②代替製品・サービスの脅威，③買い手の交渉力，④供給業者（売り手）の交渉力，⑤既存企業間の敵対関係の５つをあげた（**図3-5**）。これらの５つの競争要因は，業界の競争が既存の競争業者だけの競争ではなく，ここであげた全てが競争相手となり得るものであることを示している。ポーターは競争を広く捉える必要性を主張し，このような意味での競争を「広義の敵

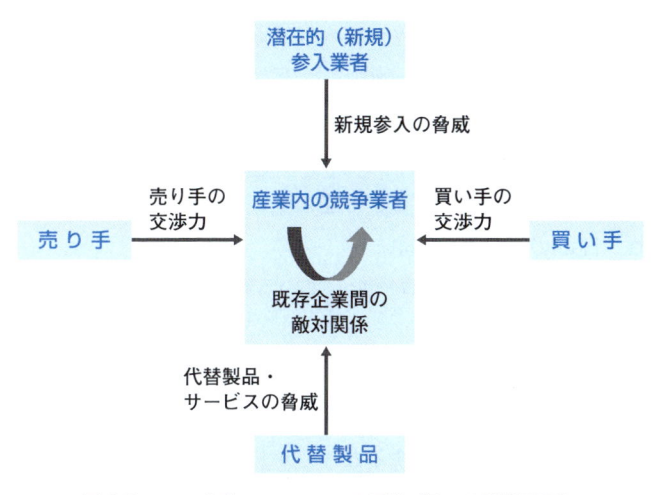

図3-5 ファイブ・フォース・モデル（5つの競争要因）

（出所）Porter, M. E.（1980）, *Competitive Strategy*, Free Press, p.4.

対関係」と呼んだ。5つの競争要因が一体となって，業界の競争の激しさと収益率が決定される。企業は5つの競争要因から構成される競争特性を十分に理解し，自社の事業展開にとって有利な方向へと導くような競争戦略を構築していくことが重要になる。

【2】 RBV（リソース・ベースト・ビュー）

　外部環境要因に焦点を当てたポジショニング・アプローチに対して，企業内部の資源や能力の役割を重視する考え方が資源アプローチである。そこでは，企業が保有する異質性や固有性のある経営資源や能力が競争優位の源泉である主張され，こうした戦略論のフレームワークをRBV（Resource-Based View）と呼ぶ。RBVの代表的論者であるバーニーは，企業が保有する経営資源やケイパビリティ（その企業の能力）に経済価値があり，希少性があり，さらに模倣コストが大きい場合，これらを用いることは持続的競争優位と標準を上回る経済的パフォーマンスを生み出すと主張した。

　そして，企業が保有する経営資源やケイパビリティが競争優位になり得るかを判断できるフレームワークとして，VRIOフレームワークを提示した。VRIOフレームワークでは，次の4つの問いに対する答えによって，企業が保有する

経営資源やケイパビリティの強みと弱みの分析が可能になる。

① 経済価値（Value）に関する問い

「その企業の保有する経営資源やケイパビリティは，その企業が外部環境における脅威や機会に適応することを可能にするか」

② 希少性（Rarity）に関する問い

「その経営資源を現在コントロールしているのは，ごく少数の競合企業だろうか」

③ 模倣困難性（Inimitability）に関する問い

「その経営資源を保有していない企業は，その経営資源を獲得あるいは開発する際にコスト上の不利に直面するだろうか」

④ 組織（Organization）に関する問い

「企業が保有する，価値があり希少で模倣コストの大きい経営資源を活用するために，組織的な方針や手続きが整っているだろうか」

また，プラハラード（C. K. Prahalad）とハメル（G. Hamel）によって提唱された「コア・コンピタンス（core competence）」も企業内部に秘められた資源や能力を競争優位とする概念である。プラハラードとハメルは，コア・コンピタンスについて次の3条件をあげている。

① 広範かつ多様な市場へ参入する可能性をもたらすものでなければならない。
② 最終製品が顧客にもたらす価値に貢献するものでなければならない。
③ ライバルには模倣するのが難しいものでなければならない。

事業戦略とマーケティング戦略

事業戦略では，選択した市場で顧客満足を満たし，競争優位を確立するための戦略が計画される。そこでは，各事業の目標が設定され，これを遂行するための様々な手段が列挙される。製品・市場・流通・品質計画などの策定は，一般的にマーケティング担当者が指導的な役割を担う。

各事業戦略は，製品レベルの戦略から構成される。そこではマーケティング

機会の分析が行われ，製品がどのような市場を狙って，どのような立ち位置から市場にアプローチしていくのかを決定し，売上目標とこれを達成するための資源配分が行われる（これらは**5章**で詳述するターゲティングとポジショニングに相当する）。そこでは，マーケティング環境を分析し，機会と脅威を明らかにする必要がある。次に，各製品市場の魅力度が分析され，市場と製品の組合せが選定されるのである。

　マーケティング戦略は，こうして選定された標的市場における事業と売上高などのマーケティング目的を達成するための基本的方針であり，これによってマーケティングに投入される資源が決められ，マーケティングで行われる各手段への資源配分が決定される。

　以下では，企業を取り巻く経営環境の機会と脅威を分析する代表的な分析フレームである**SWOT分析**と**競争の基本戦略**を紹介する。

【1】 SWOT分析

　SWOT分析は，企業内外の諸要因に注目して，経営戦略ならびにマーケティング戦略策定を行う分析枠組みである。競合他社との比較から，自社の能力や資源，あるいは組織特性などから生み出される「**強み**（Strength）」と「**弱み**（Weakness）」の程度を評価するとともに，自社を取り巻く環境（外部環境）の変化を見極め，自社能力・資源との関わりで「**機会**（Opportunity）」と「**脅威**（Threat）」を識別することで，戦略を策定するフレームワークである（**図3-6**）。

　SWOT分析における強みと弱みの分析では，これまでの事業実績から自社

企業内部要因	強み（Strength）	弱み（Weakness）
	自社の競争優位となる能力・資源	自社の競争劣位となる能力・資源
外部環境要因	機会（Opportunity）	脅威（Threat）
	自社の事業機会となる環境変化・トレンド（ビジネスチャンス）	自社に不利・不都合となる環境変化・トレンド（ビジネスリスク）

図3-6　SWOT分析

の競争力が競合他社と比較してどのような分野において，どの程度勝っているか，あるいは劣っているかが明らかにされる。たとえば，品質や機能性は勝るがブランド力が弱い，あるいは価格に強みはあるがチャネル力が弱い，などといったことがここで識別される。

次に機会と脅威の識別では，これから進むであろう環境の変化やトレンドに対して，自社にとって有利な要因は何であるか，また，これとは逆に自社にとって不利な要因は何であるかが特定される。たとえば，消費者の健康・安全志向の高まりは自社の能力や資源の強みを活かすことができる，高齢化が進むと自社製品の需要が低下する，などといったことがここで識別される。

SWOT 分析と類似した分析フレームに **3C 分析**がある。3C とは「Customer（顧客）」「Competitor（競合）」「Company（自社）」を指し，これら 3 要素の分析を通して事業を成功に導く「**KFS**（Key Factor for Success）」を導き出す。両分析ともに事業環境の把握と自社の経営資源や能力を評価する点を重視する点で共通している。

【2】 競争の基本戦略
〈1〉 ポーターの競争優位の戦略

企業が展開する競争戦略において，いかにして長期にわたり競争優位を築き，その結果として収益を安定・向上させるか，という問題はきわめて重要である。

ポーターによれば，競争優位のタイプは低コストか差別化の 2 つに絞ることができる。先のファイブ・フォース・モデルであげた 5 つの競争要因に対して，ライバルより優れた対応ができるかどうかによって，コスト優位と差別化が生まれる。この 2 つの競争優位のタイプが，それを達成するために選ばれる行動の種類と結びついて，以下の 3 つの基本戦略が提示される（**図 3–7**）。

① コスト・リーダーシップ戦略

競合他社よりも，低いコストを実現することで競争優位を構築する戦略。コスト優位の源泉は様々であり，規模の経済を追求したもの，独自の技術によるもの，他社より有利な原材料確保の道筋などがある。

② 差別化戦略

買い手が重要だと思ういくつかの次元において，競合他社とは異なる特性

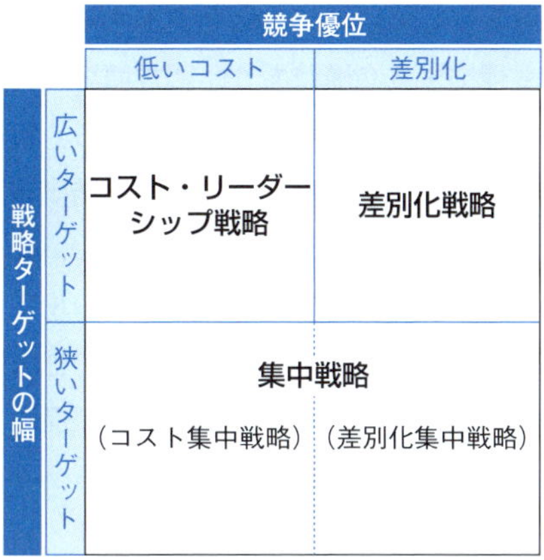

図3-7　3つの基本戦略

（出所）　Porter, M. E.（1985）, *Competitive Advantage*, Free Press, p.12.

（特異性）を作り出すことで競争優位を構築する戦略。顧客が認める次元において特異性の創出に成功すると，高い価格が設定でき利幅を大きくすることができる。

③　集　中　戦　略

業界内の一つのセグメント（市場の中で共通のニーズや特性を持つ集団）あるいは少数のセグメントを選んで，そこに適合する戦略を構築し，他社を排除することで競争優位を構築する戦略。集中戦略には2つの種類がある。「コスト集中戦略」はターゲットとしたセグメントにおいてコスト優位を求めるものであり，「差別化集中戦略」は特定のセグメントにおける特異なニーズに対応して差別化を図るものである。

〈2〉　コトラーの競争地位別戦略

企業を取り巻く経営環境を捉え，自社がとるべき戦略を導くための手法には，市場シェアによって競争上の地位を分析するものもある。コトラー（P. Kotler）は，市場シェアにより「リーダー（leader）」，「チャレンジャー（challenger）」，「ニッチャー（nicher）」，「フォロワー（follower）」の4つに分類し，それぞれの地位においてとるべき戦略を考察した。

リーダーは，当該市場で最大の市場シェアを誇っている企業であり，多くの

場合，最大の経営資源を有している。市場を支配するリーダーは，市場全体の規模が拡大すれば最も得をする立場にあり，新規顧客の獲得，新しい用途の開発，使用量の増加といった**市場拡大戦略**が採用される。市場拡大の一方でチャレンジャー以下の攻撃から現在の市場シェアを守る**防御戦略**が必要とされる。

　チャレンジャーは，業界で第2位，第3位に位置し，リーダーを追走する企業である。チャレンジャーの戦略目的は市場シェアの増大であり，リーダーに対して果敢に**攻撃戦略**を仕掛けてマーケットシェアの拡大を狙う。経営資源でリーダーに劣るチャレンジャーは，リーダーの既存製品や業界の定番商品とは異なる新たな価値創出に向けた取り組みが重要となる。リーダーからの報復のリスクはあるが，製品それ自体のイノベーション，サービスの向上，新しい流通チャネルの開拓など差別化された新しい価値を果敢に提案し続けることが求められる。

　フォロワーは，競争上の地位が低い企業である。フォロワーは，リーダーやチャレンジャーなど上位企業の製品や技術を模倣することで，イノベーションのための研究開発費や市場浸透のためのプロモーション費用などを削減することができ，収益力を高めることが可能である。こうしたフォロワーの戦略を，**模倣戦略**と呼び，そこでは，上位企業よりも低い価格設定が求められるのが一般的であり，製造コストを低く抑えつつ品質レベルを維持するための努力が求められる。

　ニッチャーは，市場規模は小さい特定の領域で独自の地位を築いている企業である。ニッチャーは，上位企業と直接競合になることを避け，上位企業が需要が現状では小さいなどといった理由のために着目・参入していない市場（セグメント）で存在感を高める。特殊な市場で圧倒的地位を築くことで収益性を確保して生き残る戦略を採用する。こうしたニッチャーの戦略を**ニッチ戦略**（ニッチは隙間・適所の意味）と呼ぶ。

3.4　機 能 戦 略

　事業戦略の効果的な展開において，その基礎となるのが事業を掌る各部門（職能）である。個々の職能分野が持つ能力を分析し，それぞれの事業領域で

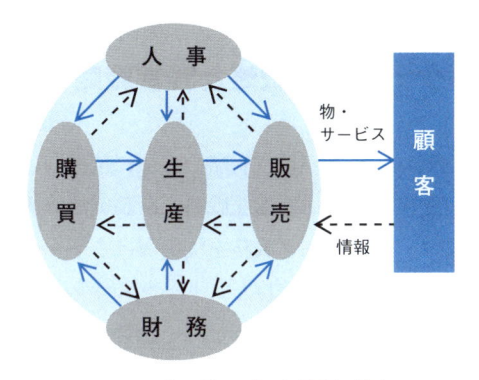

図 3-8　物・サービスと情報の流れ

（出所）　亀川雅人・有馬賢治（2000），『入門マーケティング』新世社，p.42.

勝ち残るための戦略を策定することになる。具体的には，調達戦略や生産戦略，研究開発戦略，販売戦略（マーケティング戦略），人事戦略，財務戦略，ロジスティクス戦略などがある。

　各職能は，相互に有機的に連係している。人事と財務は，労働力を雇用し，設備や工場，店舗などを調達するために必要な活動であり，また材料や部品の調達，製造，販売など全ての職能分野にまたがって，人，モノ，金，情報を管理することになる。調達した資源は，製造工程で製品となり，販売部門に渡される。その過程では，物流管理が必要になる。研究開発部門は，その成果が生産部門にフィードバックされねばならない。販売部門に届いた製品は，営業・販売スタッフの活動や広告などによる販売促進活動により消費者の手に届くことになる（**図 3-8**）。

　しかし，購買→生産→販売という矢印は，モノの流れを示す矢印ではあるが，情報と意思決定の流れはむしろ反対方向を向いている。顧客のニーズやウォンツを発見し，顧客のための製品を生産する場合，マーケティング機能は単に販売促進活動をその役割とみなすことにはならない。むしろ，企業戦略や事業戦略との関わりを強く持つことになる。

3.5 マーケティング戦略と経営戦略

　マーケティング戦略は，企業の経営戦略の下位に位置づけられる戦略なのであろうか。確かに，生産戦略，研究開発戦略，財務戦略，人事戦略などと戦略サブシステムとしてマーケティング戦略を位置づけるケースもある。

　アンゾフは意思決定の階層性に着目し，トップ・マネジメントの行う企業の方向性を規定するような戦略的意思決定と，その意思決定に従属するミドル・マネジメントの管理的意思決定，さらに日常的な業務的意思決定とを区別した。

　マーケティングにも意思決定の階層性がある。トップ・マネジメントの下すべき戦略的意思決定，ミドル・マネジメントが関与する管理的意思決定，そしてロワー・マネジメントの関わる日常的な意思決定がある。あるいは，企業戦略に関わるマーケティング，事業戦略に関わるマーケティング，そして機能戦略としてのマーケティングがある。たとえば，日常的な販売促進活動は一つの職能部門の戦略であるが，製品の決定やその価格決定などは事業全体に関わる事業戦略である。

　こうしたマーケティングの階層性は，マーケティングの定義そのものとも関わっている。マーケティングは，製品が過剰になり需要が不足すると必要性が増すが，インフレの進行や物不足が顕著になる好景気には財務や購買，生産などの機能が重視されてきた。しかし，今日のマーケティングの定義は，購買，生産，人事，財務，研究開発などの諸機能を統合するものとなり，トップ・マネジメントからラインの末端までがマーケティングの重要性を認識する時代になった。作ったものを単に販売する一つの職能としてのマーケティング戦略ではなく，顧客志向に立ったマネジリアル・マーケティング，そしてこれを超えて，変化に対応する戦略的マーケティングは，トップ・マネジメントの経営戦略としてのマーケティングなのである。

　したがって，今日的なマーケティングの概念は，経営戦略の対象とする範囲を取り込んでいる。戦略的マーケティングは，顧客のニーズとウォンツを発見することを通じて，企業は「何をなすべきか」という経営戦略の最重要課題を問題としている。製品や市場に主たる関心を置くとしても，従来のマーケティング・マネジメント領域よりもさらに経営戦略の研究にまで対象を広げ，アン

ゾフや BCG などのモデルを取り込んだ戦略論になっている。マーケティングによる情報提供と提案を出発点として，対象市場の選定と事業や製品の**ポジショニング戦略**が設定され，売上高などの目標の設定と経営資源の配分が決められる。財務，人事，購買，製造，物流などの各職能が，提案されたマーケティング戦略を実施するために機能することになる。

　事業領域の決定という企業戦略，特定製品市場で競争優位を確保する事業戦略という経営戦略論の課題は，マーケティングの課題にもなったのである。各機能戦略は，マーケティングのもとに統合されることになる。

　本章では各階層における戦略を解説してきたが，戦略は有馬の定義がその本質を言い表している。有馬は，「戦略とは，主体の目的達成に影響を与える要因を調整し，円滑な活動を行うための問題解決方法である」と述べている。直接的にも間接的にも，主体の経営・マーケティング活動に影響を継続的に与え続ける影響要因を前提とし，主体にとって都合の良い状態へ変化させようとする意図的な行為や計画が戦略の重要な役割である。

《参考文献》

D. F. エーベル，石井淳蔵訳（1984），『事業の定義—戦略計画策定の出発点—』千倉書房。

網倉久永・新宅純二郎（2011），『経営戦略入門』日本経済新聞出版社。

H. I. アンゾフ，広田寿亮訳（1969），『企業戦略論』産業能率大学出版部。

有馬賢治（2006），『マーケティング・ブレンド—戦略手段管理の新視覚—』白桃書房。

J. B. バーニー，岡田正大訳（2003），『企業戦略論［上］　基本編』ダイヤモンド社。

A. D. チャンドラー jr., 三菱経済研究所訳（1967），『経営戦略と組織—米国企業の事業部制成立史—』実業之日本社。

亀川雅人・有馬賢治（2000），『入門マーケティング』新世社。

Kotler, Philip（1999），*Marketing Management*（10th ed.），Prentice Hall.

Levitt, Theodore（1960），"Marketing Myopia," *Harvard Business review*, 38, July-August, 24–47.

Porter, Michael E.（1980），*Competitive Strategy: Techniques for Analyzing Industries and Competitors*, Free Press.

Porter, Michael E.（1985），*Competitive Advantage: Creating and Sustaining Superior Performance*, Free Press.

C. K. プラハラード・G. ハメル（1990），「コア競争力の発見と開発」『ダイヤモンド・

ハーバード・ビジネス』9–10 月号。

4
マーケティング環境

4.1　日常生活における消費と購買

　私たちが，日常生活を送る中で，商品やサービスを購入し，それらを消費・使用することなくして生活を成り立たせることは，ほとんど困難であるといっても過言ではないだろう。

　絶対的な供給量不足の中で，生産された商品を購入し，消費するという生産優位の社会が長く続いてきたが，20世紀中期以降になると，供給量が需要量を上回るようになった。そして生産した商品を売る時代から売れる商品を生産する時代へと変化し，消費のための生産が行われるようになった。

　現在では，衣・食・住全ての生活面において，様々な業種・業態の店舗が存在し，そこにはあふれるほどの商品が置かれ，様々なサービスも享受できるようになっている。毎日の生活に欠かせない日用品や食品のように，使用したり消費したりすることですぐになくなるものもあれば，家電製品や自動車のように繰り返し使用されたり，何年も使用されたりするものもある。また，アミューズメントパークや旅行のようにモノを所有するのではなく，体験・経験することや，クリーニングやマッサージなど人に何かをしてもらうことなどが商品・サービスになるなど，様々なタイプの商品・サービス，あるいはその組合せによって私たちの日々の生活は成り立っている。

　さらに情報機器の技術革新によって，新たな業種・業態も誕生しており，国内はもとより海外にまで24時間インターネットなどのオンラインを利用して誰でも，どこにいても商品が素早く簡単に入手できるような時代になっている。

現代の消費者は，商品選択に対して購入場所や方法など，状況に応じて多くの選択が可能となっている。

　消費者のニーズや行動が多様化し，変化してきているため生産者，卸売業者，小売業者は，消費者に対して売れる商品を生産し，販売するためには消費者のニーズやウォンツといった欲求を常に的確に把握し，適応する仕組みを構築する必要がある。

　現代の消費者は，商品流通経路の末端に位置する受動的な存在ではなく，情報の発信者としてマーケティング活動の起点になっており，有効なマーケティング戦略を実行する上で消費者を理解することはきわめて重要になるだろう。

　ここではこうしたマーケティング環境の要因を消費者を中心にみていくことにする。

4.2　消費者とは

一般消費者と産業購買者，再販売業者

　企業の側面から消費者を購買対象とした場合，マーケティングで想定している買い手である消費者は，「一般消費者（B to C：Business to Consumer）または最終消費者」と「産業購買者（B to B：Business to Business）」に分類することができよう。前者は，生活者として自ら商品やサービスを消費することを目的に製品の購買を行う消費者であり，後者は原材料・部品・サービスなどを自社の生産活動や業務のために使用する産業使用者，あるいは流通業者のように，他の企業から購入した商品をさらに他の事業者に転売する再販売業者である。また，これらの中に，近年盛んになっているネット通販における宅配事業やオンラインモールのような「B to B to C（Business to Business to Consumer）」と呼ばれる他企業の消費者向け事業を支援・促進するような事業を加える場合もある。

　消費者行動で取り上げる消費者とは，個人や家族が何かの目的のために製品やサービスを最終的に消費することを目的とした一般消費者を指している場合

が多い。

各市場の特性

【1】 消費者市場の特性

　消費者市場は，製品を購買する全ての一般消費者，すなわち個人または世帯から構成されている。消費者市場の大きさは，人口数や消費総額などによって具体的数値で表現することができる。消費者の購買行動から自社のマーケティング戦略を立案する際には，消費者の性別，年齢構成，生活様式，所得階層，教育水準，嗜好など様々な要素を分析していく必要がある。

　消費者市場は，産業市場に比べて相対的に多くの購買者から構成されるものの，個人が製品を使用する目的で購入されるため，購入量は少なく購入頻度が高いことが特徴である。消費者は自らの欲求を満たすために多種多様な製品を消費しており，TPO や自らの製品に対する価値判断に応じて製品を購入する傾向がある。

【2】 業務市場の特性

　生産者，流通業者などによって形成される**業務市場（産業財・生産財市場）**には膨大な数の企業が存在し，設備，部品，原料やサービスなど様々なものが購買されている。購買の対象者は，企業や自営業者，政府などの機関であり，業務市場には消費者市場とは異なる特徴があることをマーケティング活動の際には考慮しなければならない。業務市場では，消費を目的とするのではなく，その業務である生産，再販売，サービスの提供のために製品を購買する場合が多い。従業員の福利厚生のために購入される施設やサービスは従業員により消費されるが，それも広い意味で製品の製造や販売などに資する購買活動と考えられる。業務市場で取引される製品には，材料や部品，生産工程で長期にわたって使用される機械や装置などの資本財，それに潤滑油などの補助財や機械装置やコンピュータシステムのメンテナンス，経営コンサルタントなどのサービスが含まれる。

　業務市場の特性は，消費者市場とは大きく異なっており，不特定多数の一般消費者を対象としているわけではなく，ある程度特定された大口顧客と継続的

取引が行われる。そして，消費者よりも購買金額が大きく，定期的かつ継続的な取引を行う場合が多い。

また，業務市場の顧客の数は，消費者市場と比較して少数であり，売り手と買い手は，消費者市場よりも密接な関係を築きやすい。製品の特長は，専門的評価に裏付けられたものであり，取引成立までには，多くの人が関わり時間をかけて慎重に契約まで行われる。そして，それぞれの責任を明確にするため見積書，請求書，購買契約書など多くの書類が必要になる。消費者市場とは異なり，容量，パッケージのデザイン，製品カラーなどの外観や包装にこだわるのではなく，品質や機能，耐久性などに重きが置かれる。加えて，価格面が重要な交渉課題になり，自社の製品やサービスの提供に最適である商品が選択される。

【3】 再販売市場の特性

製品を購買し，加工を行わずに再販売をする流通業者などの**再販売市場**の特性は，業務市場（生産財市場）のそれと類似している。再販売市場の構成者は，利益を得て再販売または賃貸する目的で製品を購入する全ての個人および組織体から構成される。生産と消費を結ぶ役割を担う市場であり，卸・小売業や運輸・倉庫業などの物的流通産業を含めることもある。

市場が成立する理由は，時間や空間・場所の節約，リスクの分散，所有効用を作り出すためである。再販売市場を担う流通業者は，コストの分担やリスクの分散，あるいは情報伝達にも役立っている。製造業者にとって消費者が購買するまでの製品リスクは決して小さなものではないことから，再販売市場は重要な役割を果たしている。

4.3　消費者行動の階層性

消費行動と消費者行動

消費者行動（consumer behavior）は，1950年代から心理学，社会学，社会心理学などで取り組まれてきた人間行動の成果を応用するかたちで研究が行わ

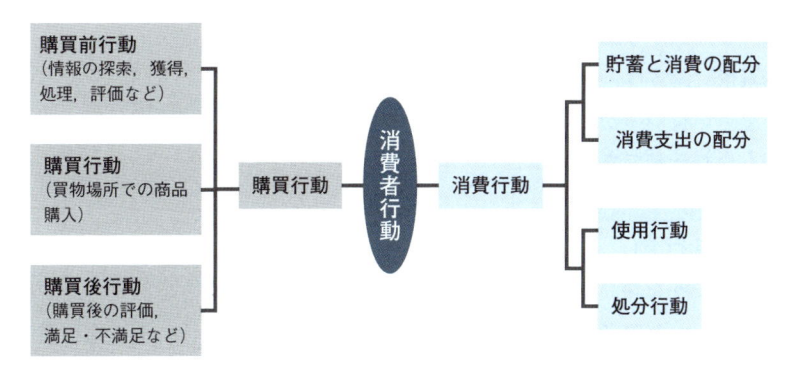

図4-1 消費者行動の分類

(出所) 杉本徹雄編 (2012),『新・消費者理解のための心理学』福村出版, p.14。

れてきている。消費者行動は, 消費行動, 購買行動, 買物行動の総称であり, 一般的には消費行動と購買行動に大別される (**図4-1**)。

【1】 消 費 行 動

消費行動は, 特定の消費者が消費生活において, 自らの所得水準を考え, 可処分所得に対する貯蓄と消費の配分を決定し, 消費の費目別 (食料, 住居, 水道・光熱, 被服・履物, 家具・家事用品, 保険・医療, 交通・通信, 教育, 教養娯楽など) の配分を決定することである。また, 購入した商品をどのように使用して, その後, 廃棄やリサイクルに回すかという処分方法なども含まれている。

【2】 購 買 行 動

購買行動は, 消費者が意識しているかどうかにかかわらず, 絶えず選択と意思決定が行われており, 消費者が商品に対する欲求を商品やサービスの入手に直接関係する行動を示している。そして, それらは購買前行動, 購買行動, 購買後行動という一連の意思決定プロセスから展開されている。

購買前行動とは, 商品やサービスの選択に対して購買前に行われる情報探索, 獲得, 評価といった情報処理活動や評価のための活動である。

そして, 購買行動とは, 選択した商品・サービスをどの店舗で購入するのか, あるいは通販で買うのかという購買場所, ブランド選択, モデル選択, そして

購入する商品の数量や頻度の決定などが含まれる。

　購買後行動とは，購入された商品がどのように使用され，生活の中でどのような意味を持つのかということであり，その購入商品に対する満足度に関する評価を含む活動である。

【3】　買　物　行　動

　上記のような商品やサービスに対する消費者の基本的な意思決定や影響要因を中心とした消費者行動の分類とともに，消費者と近い関係にある小売業・サービス業の立場から，場としてどのような店舗や商業集積（ショッピング・センター，商店街など）を選択するのかという店舗間の買物行動，そして施設の中でいかに商品やサービスが選択されるかいう店舗内買物行動，あるいはインターネットなどの無店舗販売へのアクセスも重要な消費者行動の分析対象である。

　消費者の小売店舗ないしその集積の選択に関わる行動は，買物行動と呼ばれており，それは商品やブランドの購買行動に付随するものと考えられる。実際には，その意思決定プロセスを構成する段階や内容，またそのプロセスの進行に影響を与える諸要因の種類と相対的重要性は，商品ないしブランドの購買行動とは異なっている。

　買物行動としての店舗の選択は，購入するものが特定の商品か，複数の商品であるのか，あるいは商品の他にサービスを含めた多目的購買かという理由で選択が異なる。

　したがって，小売業にとって消費者の「ストア・ロイヤリティ（store royalty）」を高めることが必要になる。消費者は，店舗を評価する際に，立地が便利である（所要時間，交通機関，駐車場など），品揃えが好ましい，価格が妥当である，販売促進やサービスが適当である」（広告，店員の接客，配送，信用販売など），店舗が快適である（配列，装飾，陳列の魅力，顧客の階層，店内の混雑度）など店舗属性に対して様々な基準を用いている。これらの基準における重要度は，どのような商品やサービスを購入しようとしているのかという内容によって異なる。

　またこの店舗属性について，消費者は自分自身で店舗を見たり，友人や知人からのクチコミや広告などから自己の知覚を通して「ストア・イメージ（store image）」を形成する。そしてこの店舗属性についての評価とストア・

イメージの相互作用により，その店舗に対する消費者の態度，つまり選択対象となる小売店舗の全体的評価が形成される。消費者が店舗属性に対する高い評価と好意的なストア・イメージを持てば，その店舗を選択する確率が高くなる。さらに選択した小売店舗での購入商品や購買体験による店舗選択後の評価が高ければ，良い経験として情報が蓄積され，次の購買時にも繰り返し選択される可能性は高くなるのである。

消費者における購買意思決定プロセス

　消費者における購買意思決定プロセスは，問題認識→情報探索→代替案の評価→購買→購買後評価という5段階から構成されている（図4-2）。

① 問 題 認 識

　問題認識は，消費者が望ましいと考える状況と現実の状況との差に気づくことによって生じる。手持ち商品の不足や不満足，生活環境や家族特性の変化，家計状態の変化，広告のようなマーケティング活動の影響などにより誘発される。

② 情 報 探 索

　問題認識がなされると，消費者は理想と現実との差から生じた不満や不自由を解消するための商品やサービスについて情報を収集する。情報探索は，消費者自身の経験により記憶に蓄積されている内部情報の探索と，友人や知人によるクチコミ，広告やセールスマンなどから得られる外部情報の探索に分けられる。情報探索は，ほとんど内部探索から始められ，内部探索で十分な情報が得られない場合に外部探索が行われる。また高額で購入頻度の低い商品は，多種類の情報源から大量の情報を収集するであろうし，食品や日用品のように低額で購入頻度の高い商品はほとんど情報収集をしないかもしれない。近年では，インターネットの進展やSNSの発達により，消費者はマスメディアからの情報よりも比較サイトやブログなどのソーシャル・メディアを有効に活用して情報を得るケースが多くなっている（13章参照）。

③ 代替案の評価

　様々な情報収集がなされると，購入対象となる商品やサービスおよびその購

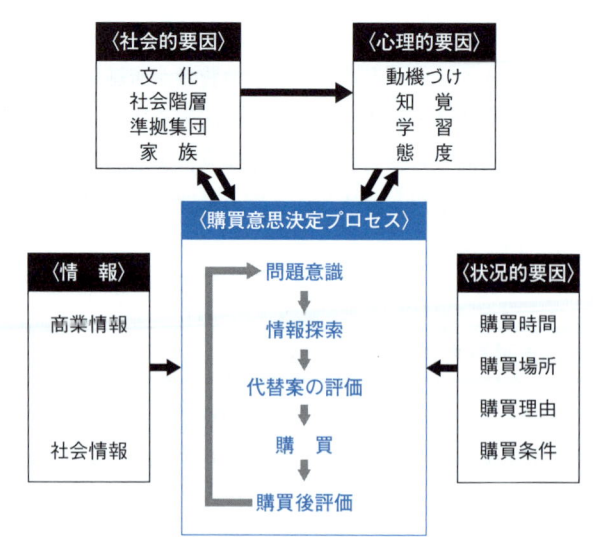

図 4-2　消費者の購買意思決定プロセスと影響要因

（出所）　Stanton, W. J., M. J. Etzel and B. J. Walker（1994）, *Fundamentals of Marketing*（10th ed.）, McGraw-hill, p.154 を一部変更。

入店舗の評価をすることになる。この評価のための基準としては，商品やサービスの場合には，コスト（価格，修理費，据付けなど），パフォーマンス（耐久性，効率性，経済性，信頼性など），適合性（スタイルやデザインなどとの合致），便宜性（時間や労働の短縮など）があげられるが，この基準は消費者によって，また購入する商品やサービスによって異なるだろう。また，購入店舗の選定における評価基準では，店舗の立地条件，価格，品揃え，ストア・イメージ，広告・プロモーション，サービス，従業員の応対などがあげられる。

④　購　買

　消費者は代替案の評価に基づいて，最も評価が高い商品やサービスを示した店舗で商品を購入する。この購買にあたっては，さらに店舗内で消費者の購買意思決定に関わる要因として，店舗レイアウトや店内の買物客の流れ，価格設定，店員の接客サービスや対応，支払方法・方式なども考慮される場合が多い。

⑤　購買後評価

　購買が終わり，実際にその商品・サービスを消費・使用し始めると，その購買意思決定が正当なものであったかどうかの評価が始まる。購入した商品・サ

ービスの品質や性能について，実際に消費したり使用したりして得た結果が購入時の期待と一致するかまたはそれ以上であれば，消費者は満足し，再購入するだろう。しかし満足できない場合には，購買後評価による情報が，次の購買時に内部情報として蓄積されることになる。そのため，同一の商品・サービスや同一店舗での再購入の可能性はきわめて少なくなるだろう。

　この購買後評価の段階において，消費者は自分の購買行為に対して「認知的不協和（cognitive dissonance）」という心理的不安状況に陥る場合がある。認知的不協和とは，2つ以上の選択肢から1つに絞り込まなければならなかったような状況下で起こりやすく，選択しなかった代替案への思いが残るというものである。

　この状況に陥ると，消費者は不安を少しでも減少させるために，自らの購買に対する責任を放棄し，自分の購買行動を支持し正当化する情報を求めようとする。消費者の認知的不協和への対応策として，企業広告，メッセージ，説明書，アフターサービスなどは必要不可欠な手段となるだろう。

　消費者の購買意思決定プロセスは，消費者や購買する商品やサービスの特性によって様々であり，全ての段階を経ているとはいえない場合もあり，各段階で費やす時間や努力は異なっている。

消費者の購買意思決定プロセスに影響を及ぼす要因

　消費者の購買意思決定プロセスに影響を与える要因として情報，社会的要因，心理的要因，状況的要因をあげることができる（**図4-2**）。

【1】　情　報

　消費者は，様々な商品やサービスが存在する中で，商品・サービス内容，商品価格で，入手場所，入手方法などの情報がなければ意思決定をすることができない。購買意思決定に影響を与える情報源としては，生産者や商業者からの広告に代表される「商業情報（commercial information）」や家族，友人，知人，ソーシャル・メディアを通してのクチコミや他の人が使っている商品やサービスを観察するといったような「社会情報（social information）」がある。

【2】 社会的要因

　購買行動は，文化，社会階層，準拠集団，家族といった社会的要因によっても影響を受ける。

　文化とは集団構成員に見られる共通のものであり，特定の集団や組織や国を他に対して特徴づけるものである。多くの場合，無形の存在であり，目に見えない価値観や儀礼・挨拶，共通のヒーローやシンボル（言葉やしぐさなど）など目に見える有形の要素で表し，一般に慣習と呼ばれるものがある。そして，世代ごとに受け継がれていき，衣・食・住における消費者行動の根幹をなすものであるとされている。また，サブ・カルチャーと呼ばれる下位集団は，時代の先端を表し，ある特定層だけの価値観を有している場合も多く，マーケティング戦略を立案する際に一つの切り口として利用される場合が多い。

　一方，**社会階層**とは，収入，教育水準，職業などを基準にグループ分けされたもので，それぞれの階層のメンバーは同じような価値観，興味，行動様式を共有している。戦後の日本では，一億総中流階級として階層がない社会といわれてきたが，近年では経済的格差が広がっており社会階層の問題が意識されるようになっている。

　準拠集団とは，人々の価値観，態度，行動を形成するときに拠り所となるグループであり，家族，友人，職場，サークル，趣味や習いごとの仲間などが相当する。また，所属していないグループであっても，個人で所属したいと願うような場合にも影響を受けるとされている。集団が及ぼす影響力は製品やブランドにより様々であるが，準拠集団は影響を与えやすいグループの一つとして考えられよう。特に，グループの影響力が強いと思われる場合にはオピニオン・リーダーといわれる特別な知識，能力，技術，パーソナリティを有する人を探し出し，彼らを中心としてマーケティングを展開するケースも見られる。

　また，**家族**とは，社会における最も基本的な単位であり，多くの場合は家計を維持するための単位とみなされている。家族形態やライフスタイル上の段階により消費内容は大きく異なるが，夫，妻，子供，親それぞれの購買行動に，相互に最も大きな影響を及ぼしている。

【3】 心理的要因

　消費者の購買行動には，その背後にある「なぜ」という部分に関係する動機

づけ，知覚，学習，態度という心理的要因が働いている。

動機づけとは，消費者がある目的を達成しようと行動を方向づけるものであり，全ての消費者行動の基本となっている。人々が持つニーズがある一定の段階に達すると動機が生まれることから，動機とはある種のニーズであり人はその充足を切実に求めるようになる。また，知覚とは，人が自分たちの内的あるいは外的環境にある刺激から一定の意味をつかむプロセスであり，その結果として，消費者は，商品，ブランド，店舗，価格，広告といった購買行動に直接影響を与える要因に対してのイメージを作り上げる。

一方，**学習**とは，過去の同じ，あるいは良く似た経験の繰り返しからもたらされる行動の変化であり，過去の経験が学習効果として，後続の行動に影響を与えるものである。学習は，動因，刺激，きっかけ，反応，強化というような要因の相互作用によって行われる。

態度とは，消費者が，ある事柄について持続的に有している好意的，あるいは否定的な認知的評価，感情，行動の傾向である。態度を変えさせることはきわめて困難である。それは，個人の態度には一定のパターンが存在しており，一つの態度を変化させるためには他の多くの態度を変更しなければならないからである。そのことから企業は，無理に人々の態度を変えようとするのではなく，既存の態度に合うようにマーケティング戦略を変更するケースが多い。

【4】 状況的要因

消費者は消費者自身の置かれている状況によって，購買行動に直接影響を受ける。それらは，購買時間，購買場所，購買理由，購買条件などである。同じ商品を購入する場合でも，選択する時間の有・無，あるいは自分で使用するのかプレゼント用なのかという購買理由，決められた価格の範囲内で購入しなければならないなどの条件によって購入する商品は異なってくる。以上のような様々な要因が，消費者の購買意思決定プロセスの各段階に影響を与え，それぞれの意思決定が行われ，購買行動がとられている。

消費者行動の代表的モデル

消費者行動を説明するためのモデルは，集計水準や選択の階層性からの特定

化と，購買行動の意思決定段階の特定化という2つの基準から6つのタイプに
分類することができる。

【1】 包括的意思決定過程モデル

　消費者の購買行動と意思決定プロセスを全体的に組み込み，両者の関係をミ
クロ・レベルで包括的に体系化することにより消費者行動全体を考察するモデ
ルである。データを参考に実証を行う際には無理があるため，図式を使用した
概念モデルとして提示される。代表的なモデルとしては，「ハワード＝シェ
ス・モデル（Howard=Sheth model）」がある（**図4-3**）。

　ハワード＝シェス・モデルにおいては，消費者は，外部の刺激（stimulus：
S）を受けて購買行動という反応（response：R）を起こすが，SとRに介在す

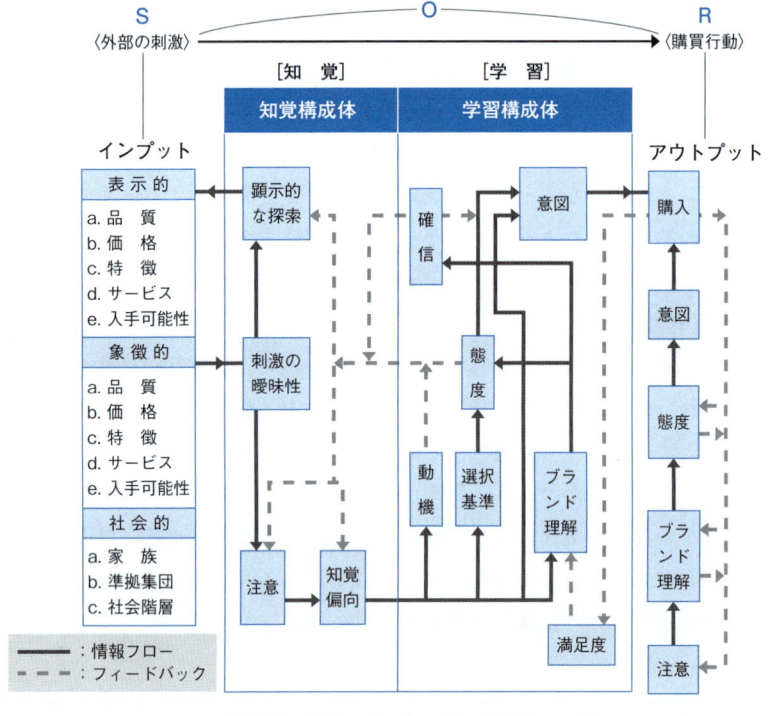

図4-3　ハワード＝シェス・モデル

（出所）　Howard, J. A. and J. N. Sheth（1969），*The Theory of Buyer behavior*, John Wiley &
　　　　Sons, p.30. 一部加筆。

るブラック・ボックスとしての消費者（organism：O）の中身を解明する**S-O-R** モデルを展開した。

　刺激として外部環境よりインプットされる変数は，品質，価格，デザイン，サービスなど製品の特性を示すものがあり，製品そのものから受ける**表示的刺激**，広告などで表現される**象徴的刺激**，また，家族や準拠集団，社会階層などから受ける**社会的刺激**もある。消費者は，これらの刺激を外生変数とし，知覚と学習という内生変数を媒介して製品に対する態度を形成する。好意的な態度であれば，購入意図となって購買行動につながる。購買した製品の満足・不満足の結果はフィードバックされ，ブランドに関する知識・理解が強化・修正される。

　S-O-R モデルは，消費者を購買行動へと向かわせるための戦略ポイントをつかむ重要な分析手法とされている。

【2】　知覚・評価モデル

　消費者による複数のブランドについてブランド知覚や選好がどのようになされているかを消費者から得られた評価・判断データを用いて図で表現するモデルである。これは**マッピング**と呼ばれており，ブランド選好をモデル化することにより測定する選好分析などが相当する。

【3】　態度形成モデル

　ブランドなどの選択対象に対する態度が，どのように形成されたかに焦点を当てているモデルである。これは多属性態度モデルや行動意図モデルが相当する。

【4】　合理的選択モデル

　複数の製品から特定の選択対象が選択されるかを記述・予測したりすることを目的としており，合理的選択モデルは特定の選択対象が選ばれる確率を数値化したモデルである。

【5】　確率過程モデル

　ベルヌーイ過程やマルコフ過程などの確率過程を用いたモデルが代表例であ

るが，選択結果に着目して確率により予測しようとしたモデルである。

【6】 市場—反応モデル

　消費者行動を市場全体から捉えて，広告，価格，プロモーションというマーケティング変数に対する反応を計量経済学的な手法から記述したモデルである。

市場調査の基本

市場調査の位置づけ

　「市場調査（marketing research）」とは，企業を取り巻く環境が大きく変化していく中で，マーケティングを展開する際の課題を解決するために，適切な判断・選択・決断をするための情報を販売当事者に提供する活動である。近年では，インターネットの進展やコンピュータの技術革新に伴い市場調査の方法にも大きな進展が認められるが，特に個客に対応した市場調査の収集分析技法にはめざましいものが見られる。

　市場調査は，種々の基準により1次データ（情報）と2次データ（情報）の2つに分類することができる。1次データは，必要に応じ直接収集されるものであり，2次データは，他の目的のため作成されている既存の情報である。

　2次データは，公式・非公式を問わず，社内外から収集される。受注・販売記録，セールスマンの日報，消費者の苦情記録などの社内情報や，政府，公共団体，研究機関，業界団体，マスコミなどが発行している刊行物などの社外情報が利用される。しかし，2次データだけでは最新の情報を手に入れることが難しく，また信頼性が乏しく公正とはいえない情報も多々あることに留意しなければならない。

　1次データについては，近年では，情報技術の進展によりビッグデータの解析や新しい情報を短期間に収集し，分析できるようになってきた。1次データは，まず情報の収集から始まるが，調査の企画に先立ち以下にあげる項目について検討する必要がある。

- ・問題の再確認
- ・調査目的・調査課題の明確化
- ・仮説の検証
- ・事実の探索
- ・調査項目の検討
- ・調査の可能性の検討
- ・調査期限の明確化
- ・調査予算の明確化

　上にあげた項目をチェックし，検討したのち，市場調査により情報を入手することが必要な場合，具体的な実施計画を立案することになる。

市場調査の手法

　消費者に関する情報は，企業のマーケティング上の意思決定において重要な情報の一つである。1次データとして消費者に関するデータを収集する調査手法は様々なものがあるが，それぞれにメリット，デメリットがある。調査は，量的データを調べるものと質的データを調べるものに大別される。以下では，その代表的な収集方法をあげることにする。

【1】　量的データの調査

①　質問調査法

　作成した質問用紙調査票に基づいて，消費者に質問し，消費者の態度，関与，ライフスタイル，価値観，商品イメージなどの嗜好や反応，意見を聞き取る方法である。面接調査，郵送調査，留置調査，電話調査，ファックス調査などがあるが，近年では後述するようにインターネットを用いた調査が頻繁に行われるようになってきている。

②　観察法

　交通量調査や店舗内の購買行動調査，競合店の価格調査など，人が観察して記録する方法と，隠しカメラによる店舗内における消費者の動線調査，アイ・カメラによる広告物に対する視線の動きの調査，ビデオ・メーターによるテレビの視聴状況調査など機械装置を用いる方法などがある。

③　実験法

　ある問題を実験によって確かめてみようとする方法である。一部を除いて全く同じ広告を掲載し，相違部分によって認知率の違いなどを測定する**スプリット・ラン・テスト**，消費者に部分的に異なる製品（たとえば，容器の色，香りなど）を提供し，実際に使ってもらい，使用中・使用後において，意見や感想を述べてもらう**消費者使用テスト**，種々の色，デザインなどの製品に対する消費者の反応を知るため一定期間販売し，その結果により採用すべき色，デザインなどを決定していく**消費者購入テスト**などがある。

④　インターネット調査

　近年，情報システムの進歩はめざましく，市場調査においても電話やファックスを利用したものに加えてパソコン端末やスマートフォンを利用した**インターネット調査**が増加している。特に，インターネット調査は，世界中どこからでもアクセスすることが可能であり，交通費，滞在費，施設費用などの調査費用がほとんどかからないため安価に実施できる。また，情報収集と合わせて集計処理も短期間に行うことが可能であるため様々な調査の手法の中で活用されている。その一方で，インターネット調査の問題点として，母集団となる回答者の曖昧性から標本の代表性が指摘されている。

【2】　質的データの調査

　質的調査とは，数量的な尺度で回答を得られない場合の設問に対して，調査員が自らの視覚，聴覚，嗅覚，味覚，触覚を基にして得た情報に加工・分析を行い，結論を導き出す方法である。通常は，対人コミュニケーションは言語を用いて実施されるが，非言語コミュニケーションも大きな役割を果たしている。

　質的調査として代表的な分析方法は，**聞き取り調査**であるが，質的データの一つである記録物を収集し分析する**ドキュメント分析**，調査員自らが調査対象集団の中に出向き，対象者の発言や行動を観察し分析する**参与観察法**，あるいは調査対象者に気づかれないように観察し，その結果を分析することで消費者行動分析も兼用する**非参与観察法**などがある。

　上であげた聞き取り調査の代表的な方法として，**グループ・インタビュー（集団面接法）**がある。この方法は，調査者が複数の被調査者である顧客と面接し，被調査者による集団討議を通じて，被調査者の購買動機などの定性的要

因を把握しようとするものである。顧客との双方向のコミュニケーションにより，仮説を見つけ出すための手法として有効である。

　その他の方法では，調査者と被調査者が1対1で行う深層面接法，および言語連想法・文章完成法・絵画解釈法などの投影法がある。

《参考文献》

青木幸弘・新倉貴士・佐々木壮太郎・松下光司（2012），『消費者行動論—マーケティングとブランド構築への応用—』有斐閣。

有馬賢治（2006），『マーケティング・ブレンド—戦略手段管理の新視角—』白桃書房。

池尾恭一・青木幸弘・南千惠子・井上哲浩（2010），『マーケティング』有斐閣。

加藤勇夫・寶多國弘・尾碕眞編（2006），『現代のマーケティング論』ナカニシヤ出版。

P. コトラー，G. アームストロング・恩藏直人（2014），『コトラー，アームストロング，恩藏のマーケティング原理』丸善出版。

P. コトラー・G. アームストロング，和田充夫監訳（2015），『マーケティング原理［第9版］—基礎理論から実践戦略まで—』ダイヤモンド社。

P. コトラー・K. L. ケラー，恩藏直人監修・月谷真紀訳（2014），『コトラー＆ケラーのマーケティング・マネジメント［第12版］』丸善出版。

宮澤永光・城田吉孝・江尻行男編（2009），『現代マーケティング—その基礎と展開—』ナカニシヤ出版。

杉本徹雄編（2012），『新・消費者理解のための心理学』福村出版。

田中洋（2015），『消費者行動論』中央経済社。

5

マーケティング・プランニング

5.1　セグメンテーション

セグメンテーションとは

　ここまでの各章を通じて，企業が，ドメイン，ビジョン，ミッションを明確にし，競争環境，市場環境を把握した上で，実質的なマーケティングの計画に着手することを解説した。これ以降本書では，実践的なマーケティングの諸活動に関するトピックが展開されていくが，本章ではマーケティング・プランニングの全体像を理解するため，企業の目標を踏まえた上での市場の選定方法と，手段全般の使用方法の概要について説明してみたい。マーケティング・プランニングの概要を図示すると，**図5–1**のようになる。

　企業がマーケティングを実践していく上で，「売れるものを作る」ためには，視点を反転させて「買ってくれる人を理解する」ことが重要であることをここまでに何度か説明してきた。買ってくれる人，すなわち顧客を具体的に探し出すためには，彼らの個々の特徴が理解できなければならない。そこで，まず顧客の特徴を捉えるための切り口の見つけ方をみていこう。

　顧客志向であるためには，多様な顧客のニーズとウォンツに応えねばならない。しかし，企業は全ての欲求に応える能力を持ってはいない。企業がどのような市場で事業を展開する場合でも，全ての顧客に対して販売を行うことはほとんど不可能である。

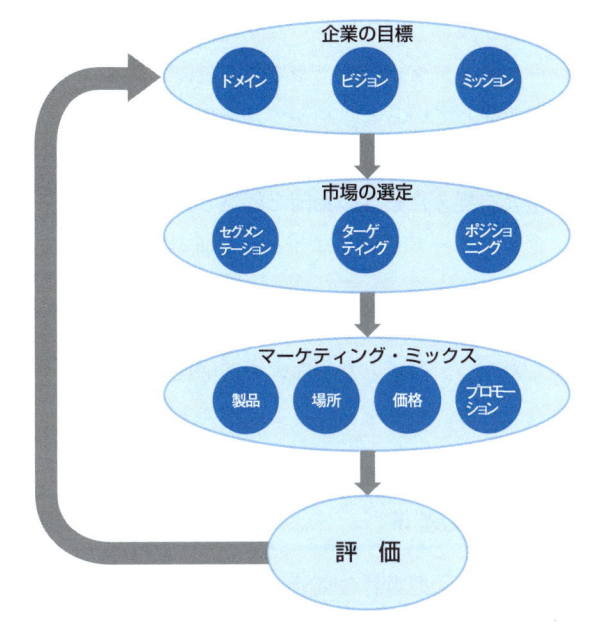

図5-1　マーケティング・プランニングの概要

　一般的に，顧客は数多く，拡散して存在しており，購買行動もそれぞれ異なっている。したがって，自社が得意とする顧客の集団もあれば，他社に有利な顧客の集団もある。つまり，企業は顧客の欲求のうち，どの市場部分を製品の提供対象とするのかを決めなければならないわけである。そのためには，市場をいくつかの顧客の部分集合に分割することが有効な手段となる。

　企業は，自社の能力の評価や競争企業の分析などを通じて，自社の提供すべき製品の市場を探索する。こうした作業を「市場細分化（market segmentation）」または単に「細分化」を意味する「セグメンテーション（segmentation）」と呼ぶ。

　本来は，市場は異質な個性を有する顧客の集合である。マーケティングでは，それを何らかの基準を用いて，同質的な部分集合的市場（市場セグメント）に分割を試みる。すると，その中から自社にとって有利な活動が実行できる市場を発見できる可能性が高まる。また，特定の市場セグメントに集中することで，自社製品に興味のない顧客に無駄なマーケティング予算を割く必要性も低くすることができる。

現代のように市場が成熟してくると，高度経済成長期のような大量生産・大量販売によるマーケティングは，もはや実施不可能である。各社が類似製品を全体市場に漫然と販売していると，やがては競争の激化により，価格は下落し利益は減少する。それを避けるためにも，セグメンテーションによってニーズ・ウォンツの差異を捉えた顧客の集団を認識し，各々に求められる製品を販売することは，企業にとっても顧客にとっても好ましい結果が期待できることになるわけである。

　セグメンテーションを行うメリットは，各市場機会が比較できる，製品と販売方法の調整がしやすい，対象となる顧客の反応に応じてマーケティング・プランニングを改良できる，などをあげることができる。

セグメンテーションの基準

　セグメンテーションは，担当者の気分や勘と経験によって行われるものではない。市場に属する顧客の特徴を根拠として分割が行われることになる。また，セグメンテーションでは，最も有効な細分化基準を探索する作業も重要である。なぜなら，新たな細分化基準の発見は，新しい市場の発見へとつながる可能性を有しているからである。

　分割するための基本的な基準には，年齢，性別，学歴，所得，職業，ライフ・ステージ，社会階層，地域といった「デモグラフィック（demographic：人口統計的）基準」や，パーソナリティ，生活価値観，ライフスタイル，ブランド・ロイヤリティ，興味，関心，製品関与・態度などの「サイコグラフィック（psychographic：社会心理的）基準」がある。

　さらに，顧客価値の観点からの細分化基準がいくつか存在する。たとえば，製品に求める「ベネフィット（benefit：便益)」も基準とすることができる。自動車を例にとれば，営業用，通勤，レジャー，ショッピング，ステイタスなど，異なる便益によって細分化をすることができる。

　その他，使用頻度や顧客のロイヤリティ（loyalty：忠誠心）の程度，顧客が自社製品を購入した額や回数，顧客との関係（初めての客，得意客，企業のサポーターなど）といった基準も使用できる。

　細分化の基準に用いられる変数を表にすると**表5-1**のようになる。

表5-1　セグメンテーション基準

地理的変数	人口統計的変数	心理的変数	行動変数
地域	年齢	ライフスタイル	機会
人口規模	性別	パーソナリティ	便益
人口密度	世帯人数		使用状況
気候	家族のライフ・ステージ		ロイヤリティ
	所得		購買準備
	職業		製品に対する態度
	教育水準		
	宗教		
	人種		
	世代		
	国籍		
	社会階層		

（出所）　P. コトラー・K. L. ケラー，恩藏直人監修・月谷真紀訳（2008），『コトラー＆ケ
ラーのマーケティング・マネジメント［第12版］』ピアソン・エデュケーション，
p.307 を一部改変。

　ここで比較的容易に達成可能な細分化の基準は，地理的要因と人口統計的要因である。この2つの細分化基準は，データも入手しやすいものである，しかしながら，これらだけで顧客のニーズ・ウォンツの差異を必ずしも反映できるとはいえない。一方で心理的な基準は，顧客のニーズ・ウォンツに直結しやすいという側面はあるが，実質的に有効な細分化された市場を導き出すことは困難である場合が多い。なぜなら，人間の心理を言葉で言い表すこと自体が容易な作業ではないからである。

　こうした細分化基準を複数採用して組み合わせることによって，消費者のニーズ・ウォンツをあぶり出し，具体的な顧客のイメージに近づくことが可能となる。企業は，時代の変化を敏感に感じ取り，最適な細分化基準を探索する努力を常に怠ってはならないわけである。

セグメンテーションの評価

　セグメンテーションの方法は無数に存在するわけであるが，なされた細分化は効果的である必要がある。細分化をすることが目的となった，細分化のための細分化で終わってしまっては意味がないのである。コトラーらによれば，細分化を行うためには，次の評価基準が有効であるとされる。

① **測定可能性**（measurable）：市場セグメントの規模や購買力，特性が測定できること
② **実質性**（substantial）：市場セグメントがマーケティングの対象とするに足る規模と収益性を持つこと
③ **到達可能性**（accessible）：市場セグメントに効果的に到達し，対象とできること
④ **識別可能性**（differentiable）：市場セグメントは概念上明確に区別でき，マーケティング・プログラムに対して固有の反応を示すこと
⑤ **実行可能性**（actionable）：その市場セグメントを対象とした魅力のある効果的なマーケティング・プログラムを作り上げられること

　企業がマーケティングを通じて利益を得ていくためには，市場の情報を十分に把握し，効果的に自社がアプローチでき，ペイし得るだけの規模を持つ市場の模索が常に求められているのである。

5.2　ターゲティング

標的市場の設定

　市場は，特定の企業にとってそれぞれ魅力度の異なるいくつもの細分化された市場セグメントから構成されているものである。したがって，企業が限られた経営資源を有効に活用するためには，販売可能な市場セグメントを選出し，そこにマーケティングを集中する必要がある。
　全体の市場をセグメンテーションによって適切に細分化することができたのであれば，次に企業がなすべきことは，どの市場セグメントに参入すべきかを決定することである。企業が参入を決定した市場セグメントを「**標的市場**（target market）」という。
　どの市場セグメントを標的とするかは，規模，成長性，他社に対して差別的優位性を発揮できるかどうかによって決定される。こうした一連の作業を「タ

ーゲティング（targeting）」と呼ぶ。

標的市場を明確に決定できれば，企業はその市場に最も有効となるマーケティングを編成する段階に入ることになる。その意味で，ターゲティングは，マーケティング計画の方向性を決めるための重要なステップであるといえる。

企業は，セグメンテーションによって自社を取り巻く様々な市場に対する事業機会を明らかにし，特定の標的市場にマーケティングを行う。しかしながら，企業は必ずしも全体市場の中の一つの標的市場だけを相手としているわけではなく，複数の市場を選択することもある。

また，セグメンテーションは，自社の経営資源の検討と並行して行われる必要がある。そして，それらを総合的に分析した上で，ターゲティングによって市場機会の評価を確定しなければならない。標的市場の選定は，自社の売上高の予測，販売方法に必要であると予測されるコストの計算など様々な要件を踏まえた最終的な収益性の検討を経た上で，合理的に進められる必要があるプロセスなのである。ターゲティングは，こうしたプロセス全体に関わりを持っている。

無差別マーケティング

セグメンテーションからターゲティングを通じて選択されるマーケティングの主要な方針は3種類ある（**図5-2**）。ここで各々を説明してみたい。

まず，細分化された市場の特徴が判明した後も，市場全体を1つの統一体として扱い，単一の製品とマーケティングによって市場全体を狙い，可能な限り多くの顧客の獲得を目指す戦略を「**無差別マーケティング**（undifferentiated marketing）」という。これは実質上，細分化を無視した全包囲型のマーケティングであり，かつてのフォードT型や，コカ・コーラが単一のビンサイズだけで全市場に供給した例をあげることができる。

無差別マーケティングのメリットは，経済性であり，生産・在庫・物流・マーケティングの各コストは最小限に押さえることが可能であるということである。しかし，多くの企業が無差別マーケティングを実施すると競争が激化するので，極端に収益性が悪くなる。その上，小さな市場機会を無視することによって，後発企業の参入の余地を残すことになる可能性が高い。したがって，こ

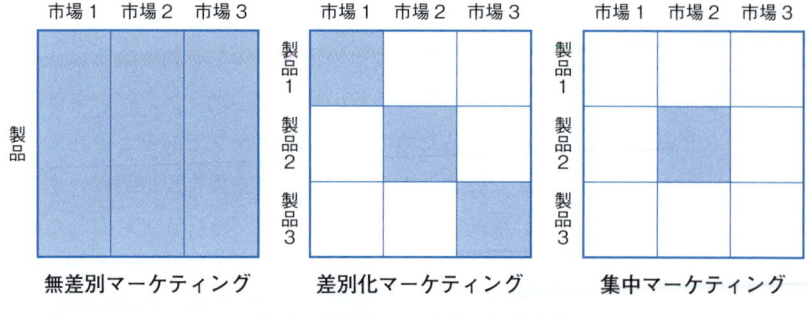

図5-2　3種類のターゲティングの例

れまでに市場が存在しなかった新規製品の市場への投入初期など以外には，現代の市場においては実施が難しい側面を持ったマーケティングである。

差別化マーケティング

　各々の標的市場に異なった製品とマーケティング計画を用意して進出し，製品ごとの特長を踏まえたマーケティングを実行することを「差別化マーケティング（differentiated marketing）」という。大衆車から高級車，また商用車まで幅広くラインナップしたトヨタや日産のフルライン戦略などはこれにあたる。こうすることによって，各標的市場で顧客のロイヤリティを高め，リピート購買を促し，市場における確固とした地位を確立して全体の売上高を増大させることができる。

　しかし，一方で各製品ライン（製品系列）での製品改良コスト，生産コスト，管理コスト，在庫コスト，プロモーション・コストなどの各コストの上昇をその都度招くことになる。その結果，売れる製品と売れない製品，低コスト製品と高コスト製品が自社内で混在する可能性も出てくる。差別化マーケティングも行き過ぎると企業全体としての能率低下を招くので，適正規模でのセグメンテーションとターゲティングが必要となる。

集中マーケティング

　自社の能力が最大限に発揮できる一つの標的市場を選んで，そこにマーケテ

ィングを集中することによって，その中で大きな占有率を得て良い地位を確立しようとする手法を「**集中マーケティング**（concentrated marketing）」という。これは，成功すれば製品，流通，プロモーションともに1つのものに特化するために経済性が上昇し，高収益性を得ることができる。ダイハツが軽自動車に特化したり，多くの出版社が特定の分野の書籍のみを編集・発行したりしているのも集中マーケティングの例である。

　一方，集中マーケティングは，1つの標的市場のみに特化することによるリスクも大きい。流行に左右されやすいアパレル業界などは，消費者の好みを読み違えると大幅な在庫を抱えてしまうことにもなる。また，他社の参入を許しやすいというリスクも集中マーケティングは有している。

　以上のような，ターゲティングを基にしたマーケティングによって，企業は，自らの資本，経営資源，戦略優位性など自社にとって最適なマーケティングの実施形態を模索し，効率の良さを追求し続けるのである。

5.3　ポジショニング

標的市場内での競争

　現代のようにインターネットで無数の情報が収集できる時代においては，企業が独自に決めたつもりの標的市場であっても，同様の想定をしている競合企業は必ず存在するものである。そこで，標的市場内における競合企業との違いを明確にするところまで自社の方針を磨き上げる必要性が多くの企業で認識されるようになった。「**ポジショニング**（positioning）」とは，企業が標的市場内で，どのような立場（ポジション）で競合他社に対応していくのかを決めることを意味している。

　自社製品のポジショニングを検討する際には，想定される顧客の視点に立つことが重要である。なぜなら，顧客に理解できないポジショニングでは，曖昧なイメージしか伝えることができないからである。

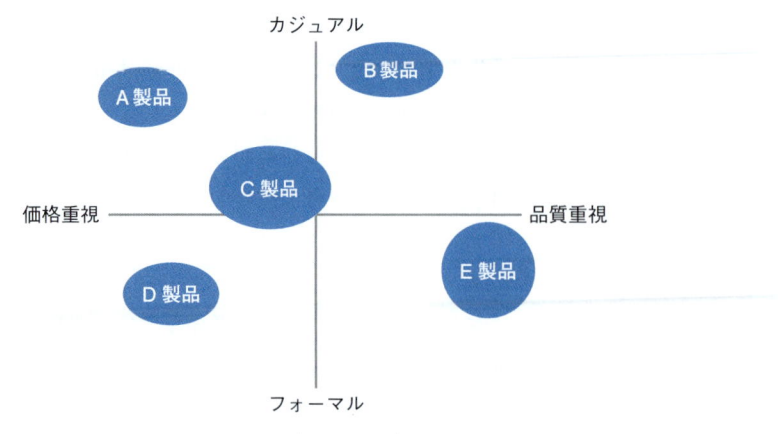

図5-3　ポジショニングの例

　ポジショニングを実践するための方法としては，**図5-3**のように標的市場内の顧客が重視する購買決定要因を元に，二次元のマップを描き，競合製品といかに差別化できるかを考える方法がある。そのために用いられる要因としては，製品の特徴，製品がもたらす便益，競合製品と差異，想定される顧客の嗜好などがある。

リ・ポジショニング

　変化する市場環境の中では，どんなポジショニングをしても永続的に効果を発揮するわけではない。企業は常に自社のポジショニングを見直す必要に迫られている。その中で，既に販売している製品に新たな意味を与えて，新たな需要を開拓することも有用なマーケティング戦略となる。こうした製品に新たな意味を与えるためのポジショニングを「リ・ポジショニング（repositioning)」という。

　リ・ポジショニングでは，製品を投入している市場での時間の経過の中で，顧客や競合などの環境変化を受けて，既存製品で採用していたポジショニングを再確認し，新たなポジションを与えることで改めて製品の売上を伸長することを意図している。

　その際に注意すべきことは，企業が強引にイメージの変更を行おうとしても，

顧客の既存のイメージは簡単には変わらないということである。

　リ・ポジショニングは，顧客の認識に企業の提案を適合させ，全てをリセットするのではなく，あくまでも現在の延長線上で考えていくことが大切である。無理にイメージを変えようとせずに，顧客が理解できる範囲で徐々に変更を進める地道な活動の継続がリ・ポジショニングでは必要なのである。

　以上のように，市場を選定し，効率的で効果的なマーケティングを実施するためには，セグメンテーション，ターゲティング，ポジショニングという市場と競争を理解するプロセスが必要な作業となる。

5.4 マーケティング・ミックス

使用可能手段の組合せ

　セグメンテーション，ターゲティング，ポジショニングによって活動する市場を確定できた後に，企業は自社で使用できる手段によってマーケティングを実施することになる。その際に，最適な組合せを計画し，顧客に接近することが効率的な戦略となる。当然のことであるが，企業は使用可能な手段からしか計画を立てることができない。マーケティングの基本的な活動は，使用できる手段を有効に組み合わせて顧客の期待に応える製品やサービスを提供することである。この一連の活動を「マーケティング・ミックス（marketing mix）」という。ここでは，マーケティング・ミックスでなされる企業が使用できる手段を組み合わせる活動を中心に説明してみたい。

　企業が自社のマーケティングで使用可能な手段は，1つだけではない。一般的には，複数の手段を組み合わせることによってマーケティングは実行される。これには企業内で調達できる手段以外に，企業外に委託することによって利用可能な手段も含まれる。たとえば，テレビでの CM を広告会社に委託したり，製品の配送を物流会社に委託したりすることなどである。

　企業は，最も効率的な組織を選定して，企業内部で実施するのか企業外部に委託するのかを決めている。マーケティング計画は，市場の選定，手段の選定，

双方において効率的な組合せを模索する活動なのである。

４つのＰ

　マーケティングにおいて使用可能な手段は，マッカーシー（E. J. McCarthy）によって分類された **"4Ps"** と呼ばれる要素の組合せが多くの研究者や実務家に支持されている。

　"4Ps" とは，「**製品**（Product）」，「**場所，流通チャネル**（Place）」，「**価格**（Price）」，「**プロモーション，コミュニケーション**（Promotion：販売促進）」の４つの頭文字から命名されたものである（**図5-4**）。

　製品とは，企業が標的市場に対して提供する製品とサービスの組合せである。具体的には，品質，特徴，オプション，スタイル，ブランド，包装，サイズ，保証，返品，などに対しての企業の戦略として示される。

　場所とは，標的とする消費者のもとに製品を供給する企業活動である。具体的には，流通経路，配送範囲，出店配置，在庫，輸送，陳列などの商品の空間的移転や店頭販売に関わる企業の戦略として示される。

　価格とは，顧客が製品を手に入れるために支払うべき金額である。具体的には，価格表記，値引き，アローワンス（allowance：業者に対する割引），支払

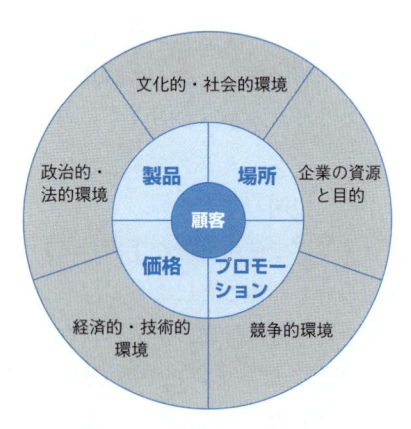

図5-4　マッカーシーの "4Ps"

（出所）　McCarthy E. J. and W. D. Perreault Jr.（1996），*Basic Marketing: A Global Managerial Approach*（12th ed.），Irwin, p.62.

期間の設定，分割払いの使用などの顧客の支払いの便宜を図るための企業の戦略として示される。

プロモーションとは，標的とする消費者に対して製品の特徴・価値を知らせ，それを購買するように説得する企業活動である。具体的には，広告，人的販売，セールス・プロモーション（sales promotion），パブリック・リレーションズ（public relations）などの顧客とのコミュニケーションのための企業の戦略として示される。

マーケティング・ミックスの組み合わせ方

マーケティングは，立場と目的に応じて使用する手段の優先順位が変化するものである。したがって，これらの諸手段で何が最も重視されるのかは，企業の置かれた状況によって異なってくる。つまり，マーケティング・ミックスの諸手段はそれらがいつも同じ割合で重視されることはないのである。

たとえば，製造業者の場合は，製品そのものが最も重視されるが，サービス業では販売員の接客で消費者のイメージが決定するのでプロモーションが重視される場合が多い。

また，消費者に販売される製品は，消費者の抱くイメージが購買動機の重要な要素の一つとなるので広告の役割が大きい。一方，企業に対して販売される製品の場合には，テレビ CM などはあまり意味を持たない。この場合は，むしろ性能や価格，アフターサービスが重視される。

さらに，同じ製品であっても，売り出された直後と数年経った後では重視される要因が変化していく。たとえば，市場に導入された直後には，認知度を高めるために広告が重視され，製品の改良時期が近づくと，在庫処分のために価格が最も売上高に影響を与える要因となる。

このように時と場合に応じて使用可能な手段をいかにうまく組み合わせていくことができるのかによって，マーケティングによる企業の競争優位に差が出てくる。

マーケティング・ミックスの開発は，マーケティングにおける市場調整手段の中心となる課題である。これらの各要素は主に企業の販売に直面する現場において今日まで技法が試行・開発されてきており，実務的なマーケティングに

関する書物などではこの部分の説明に大半の紙面が割かれることになる。本書においても，これ以降のいくつかの章で諸手段の特徴，戦略などが説明される。

《参考文献》

Aaker, David A. (1984), *Strategic Market Management*, John Wiley & Sons.

有馬賢治 (2006)，『マーケティング・ブレンド―戦略手段管理の新視角―』白桃書房。

有馬賢治・岩本俊彦・小宮路雅博編著 (1998)，『バリュー・クリエイション・マーケティング』税務経理協会。

Day, George S. (1984), *Strategic Market Planning: The Pursuit of Competitive Advantage*, West Publishing.

亀川雅人・有馬賢治 (2000)，『入門マーケティング』新世社。

上沼克徳 (2003)，『マーケティング学の生誕へ向けて』同文舘出版。

Kotler, Philip (2003), *Marketing Insights from A to Z: 80 Concepts every Manager Needs to Know*, John Wiley & Sons.

Kotler, Philip and Kevin L. Keller (2006), *Marketing Management* (12th ed.), Pearson Education.

P. コトラー・K. L. ケラー，恩藏直人監修・月谷真紀訳 (2008)，『コトラー＆ケラーのマーケティング・マネジメント［第12版］』ピアソン・エデュケーション。

McCarthy, Edmund J. and William D. Perreault Jr. (1996), *Basic Marketing: A Global Managerial Approach* (12th ed.), Irwin.

Nordhielm, Christie L. (2006), *Marketing Management: The Big Picture* (2nd ed.), John Wiley & Sons.

Porter, Michael E. (1980), *Competitive Strategy*, Free Press.

Ries, Al and Trout, Jack (1986), *Positioning: The Battle for Your Mind*, McGraw-Hill.

6

プロダクト・デザイン

6.1　製品とは

製品戦略の位置づけ

　製品戦略は，前章で解説したマーケティング・ミックスの4つのPの中で中核に位置づけられるものである。製品こそ，顧客が対価としてのお金を払うべきか判断する対象であり，競合製品と比較をされ厳しい視点から評価される部分でもある。よって製品戦略を考慮する際には，社内の購買・生産・販売，そして財務や人事といったあらゆる事業活動のもとに計画される必要がある。

　製品計画を考える際には，単に製品を作ることだけではなく，製品開発計画や工場建設投資といった製品の生産から，価格設定，流通チャネル（製品を顧客に届ける経路。9章参照）の構築，プロモーション活動といったマーケティング・ミックス全般を考慮しながら行う必要がある。なぜならば，製品計画は他の3P（価格戦略，流通戦略，プロモーション戦略）に大きな影響を与えるからである。たとえば，いくらの原材料を仕入れて，どの程度の品質のものを，どのくらいの量作るか，またプロモーション費用をいくら投入するかは，価格戦略に影響を与える。また，製品を日本のどの地域まで届けるのか，海外を見据えるのか，24時間オープンする地方のコンビニエンスストアまで配荷の対象にするのかは，流通戦略に影響を与えることになる。そして製品を知らしめるためにどのような媒体を用いて，どのくらいの期間広告を打つのか，店頭で

の販売促進まで行って知らしめるのかによって，プロモーション戦略が影響を受けることになるのである。

製品戦略には**パッケージ開発**も含まれている。近年は購入計画もなかったのに，店頭で素敵なパッケージを見て衝動的に購入を決める非計画購買も増えている。パッケージはこの購買を決める最後の5秒間に立ち会う媒体として，「最後のセールスマン」や「4Pの次の5番目のP」ともいわれている。実際に私たちは，製品名を聞くと頭に製品パッケージを思い浮かべることが多い。「コカ・コーラ」と聞けばコンツアー・ボトル（ガラス瓶ボトル）を，「カルピス」と聞けば水玉のパッケージを，そして「ニベア」と聞けば青のパッケージを連想するのではないだろうか。このようにパッケージは，製品の需要を左右する重要な役割を果たすものなのである。

製品における有形材と無形材

一般的に「製品」という言葉は，自然の中で育った農産物や海産物と区別する意味で，工場などで生産されたものという意味で使用される。しかしマーケティングにおいて製品という言葉を使用する場合は，こうした一般的な使用方法より広い意味を持っている。

マーケティングで使用される場合には，顧客のニーズやウォンツを満たすためにマーケターより提供されるものとして，包括的な概念として用いられる。また，マーケティングで製品を扱う場合には，目に見える**有形財**だけではなく，サービスなどの**無形財**も含まれる。

有形財とは，食料品や電化製品・自動車・住宅・書籍などを指し，無形財とは，マッサージやクリーニング・美容・教育・電力供給などを指す。伝統的なマーケティングでは，有形財のみを扱うことが多かった。それはまだ人々の暮らしが豊かになっておらず，求められていたのが空腹を満たす食料品であったり，暑さや寒さを凌ぎ安全に睡眠できる住居や，必要最低限の衣料品こそが求められていた時代だったからである。

しかし現代のように必要最低限のモノを誰もが入手した後は，生活を豊かにしてくれる無形財であるサービスが求められるようになっていった。当然，サービス業を主体とする第三次産業が栄えるとともに，マーケティングの概念と

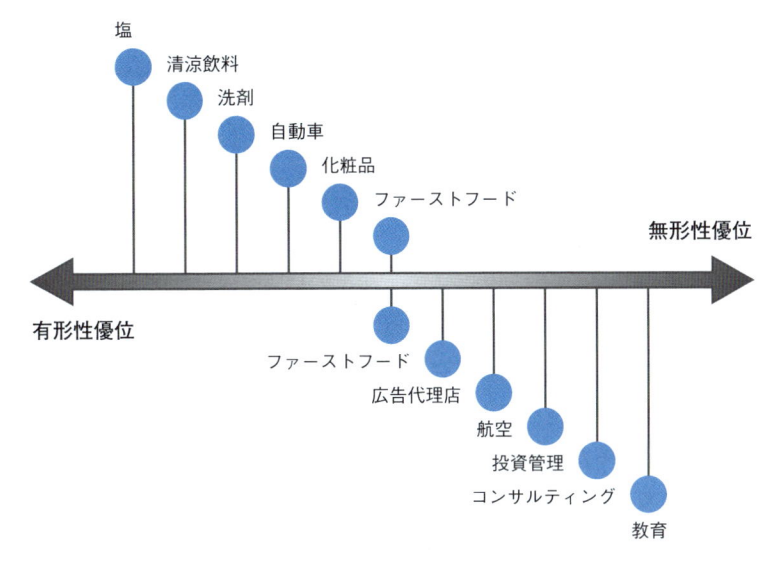

図6-1　財とサービスの連続性

（出所）　Shostack, G. L.（1977），"Breaking Free from Product Marketing," *Journal of Marketing*, 41（April），p.77 の図をもとに作成。

してもサービスを含むものが求められるようになっていった。現在ではマーケティングの対象は，コンサルティングサービスやお役所の業務にまで及んでいる。キャラクターの「くまもん」は，熊本県庁が県を広く知らしめ，県外からの観光客を誘致するためにマーケティングのノウハウを活用した例である。

　最近では，製品を有形財と無形財のミックスと捉える考え方も普及してきた。たとえばエアコンなどの有形財を購入しても，取り付けサービスが付随している。逆に無形財に有形財が付帯しているものも存在する。たとえば，携帯電話通信サービスには携帯電話が，家庭用ゲームにはゲーム機がセットになっている。このようにマーケティングで製品を考える際には，物理的次元を超えた幅広い範囲の中で，有形性が強いものか無形性が強いものかを念頭に置いて戦略を考えねばならない（**図6-1**）。

製品概念の捉え方

　製品の捉え方は，事業領域（ドメイン）をどう捉えるかに関わってくる。事

業領域の決定の仕方には，物理的に定義するやり方と，機能的に定義するやり方が存在する。物理的に定義するというのは，薬局を「薬を販売する事業」，アパレル・メーカーを「衣料製造業」とみなすことである。しかし機能的定義では，薬局は健康な生活を送るためのライフプランナーとして位置づけ，アパレル・メーカーをファッショントレンド・クリエーターとして位置づけることになる。

ドメインの設定は，製品の捉え方から始まる。掃除機を購入する顧客はきれいな住居空間を求めており，洗濯機を購入する顧客は清潔な衣料を求めているのである。ここから，顧客が製品に求めているのは物理的属性ではなく，それが果たす機能であり，便益であり，満足の束であると理解できる。つまり機能とは，顧客の求める問題解決の視点ということである。よって製品計画を考える際には，顧客志向の観点に立つことが重要になってくる。

そして製品を考慮する際にもう一つ大事なことは，製品の機能は変化するものであるということである。自動車が誕生した時代に求められたのは，馬車に変わる移動や運搬の手段であった。しかし現在では，ドライブ自体を楽しんだり，高級車に至ってはステイタスを表す役割を果たしている。

製品の多元的構造

製品は便益や満足の束であるが，顧客が求めるものは単一ではない。パソコンであれば，文章を作成したり，ネットショッピングをしたり，遠隔地とのテレビ会議に用いたりと，必要とされる機能は多元的構造をなしている。これをコトラーは「製品の多元的構造モデル」ないし「トータル・プロダクト概念」と呼んでいる。コトラーは，製品を中核製品，実在製品，拡張製品の3つのレベルで捉える概念を発表した後に，これとは異なる視点から中核製品，基本製品，期待製品，拡張製品，潜在製品という5つのレベルで捉える製品概念を展開した。本書では，このうち3つの製品概念を取り上げて解説を加える（図6-2）。

「中核製品（core product）」は製品の本質をなす最も基本的な価値や性能を示すレベルのものである。顧客がまさに製品に対してお金を支払う理由になる部分でもある。自動車であればエンジン動力によりタイヤを動かし移動を可能

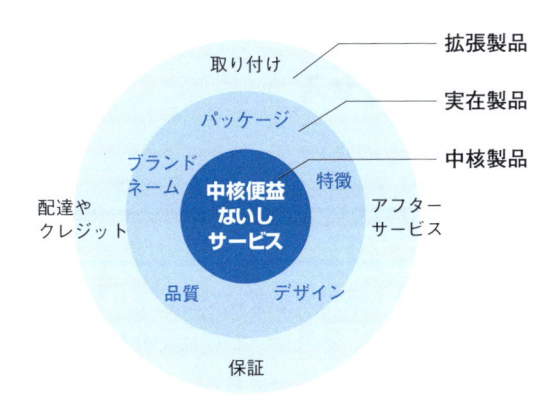

図6-2 コトラーの3つの製品レベル

（出所）　Kotler, P. and G. Armstrong（1998）, *Principles of Marketing*（8th ed.）, Prentice Hall, p.239 をもとに作成。

にするという便益を指している。

　「実在製品（tangible product）」は中核製品を顧客に容易に知覚されるよう具体的なイメージにより表現したものである。私たちが製品というときには，通常この実在製品のレベルのことを想定している。通常の物財やサービスであればほとんどの人がこのレベルを製品とみなしている。自動車でいえばディーラーで展示されている実体としての車のことを指す。

　最後が「拡張製品（augmented product）」である。この製品レベルは追加的なサービスや便益により形成されている。自動車でいえば下取りサービスやローン制度，オプション付与サービスなどがあげられる。

　このように製品を捉える際には，顧客価値の視点から多元的構造を持ったトータルな複合物として捉えることが大切である。顧客は自らが評価する製品の価値と価格が同等，あるいは高いと判断すれば購入を決断する。しかしどの顧客もが同じ判断を下すわけではない。それぞれの性格であったり，生活環境，収入状況などによって，判断は大きく変化する。マーケターはこのような現実を念頭に入れ，製品戦略を策定していく必要がある。

新製品開発の意義

　新製品を開発するには膨大な費用が必要になる。それでもなぜ企業は新製品を投入しなければならないのか。それは，時代により製品を買ってくれる消費者の趣味嗜好が変化し，また技術開発が進むことで競合からもさらに優れた製品が市場に投入されてしまうからである。

　今売れているからという理由で新製品開発に取り組まない企業は，時間とともに売上が減り始め，気がつくと競合に市場をそっくり奪われていたということにもなりかねない。パソコンの記録用メディアを見ても，技術革新とともにフロッピーディスクから MO，CD，DVD，USB メモリへと変化を遂げている。

　つまるところ企業にとって新製品開発は自社の発展と成長にとって不可欠なものなのである。実際どのようなロングセラー商品であろうと，最初は全て新製品だったわけである。

新製品開発プロセス

　新製品には膨大な開発コストがかかる。うまく進めなければ，コストだけかかって最後は新製品開発を中止しなければならない事態に陥ることさえある。そうならないために効率的に新製品開発を進め，失敗の確率を下げる開発プロセスを採用する必要がある（**図 6–3**）。

[ステップ 1：アイデアの創出]
　この段階は，新製品のアイデアを創造するプロセスである。どこにでもあるアイデアであれば競合も考えつく。また独りよがりのアイデアであれば消費者から支持される可能性は低くなる。アイデアの収集，創造には 2 つの方法がある。社内創出と社外創出である。社内創出とは，自社内の製品開発部門，技術部門，マーケティング部門，営業部門，そしてトップ・マネジメント層でアイ

ステップ1	ステップ2	ステップ3	ステップ4	ステップ5	ステップ6
アイデアの創出	スクリーニングの実施	事業性の評価	試作品の開発	テスト・マーケティングの実施	市場への投入

図6-3　新製品開発プロセス

デアを創出することである。社外創出とは，既存顧客へアンケートやデプス・インタビューを実施しアイデアのヒントを得ることや，コンサルティング会社や広告代理店からアイデアを募集することなどがあげられる。

[ステップ2：スクリーニングの実施]

この工程ではアイデアの取捨選択を行う。自社が取り組むのに不適切なアイデアや実現が不可能であったり，膨大なコストがかかるアイデア，差別性が見出せないアイデアなどを排除し，成功の確率を高めていく。

[ステップ3：事業性の評価]

ここではスクリーニングを通過した複数のアイデアに対して事業として成り立つかどうかの評価，判断を行う。コストはいくらくらいかかりそうか，実売価格はいくらに設定できそうか，潜在的な消費者はどのくらい存在し，何割ぐらいが実際に購入してくれるかなど，収益性をシミュレーションすることになる。ここで事業性の見込みがないと判断されれば，アイデアは良くても製品開発のプロセスに進むことはなくなる。

[ステップ4：試作品の開発]

事業化の目途がたったところで，実際の製品に近い試作品を製造することになる。既存顧客から拾ったニーズをどう具体的に製品化に取り入れていくのか，自社で明確にした製品のコンセプトをどう製品に活かしていくのかが問われるプロセスである。

[ステップ5：テスト・マーケティングの実施]

試作品ができたところで，市場投入前にテスト・マーケティングを行う。目に見える形に仕上がった試作品を潜在的消費者に見せることで具体的なフィードバックを得ることができる。もしくは一部地域でテスト的に販売して売れ行きを見ることもできる。ただし，大々的にやりすぎると，新製品の評価が良くなかった場合に，発売前に悪い評判が先に立ってしまったり，競合他社に新製

品の情報が漏れてしまうこともあるため，注意が必要である。

[ステップ6：市場への投入]

　テスト・マーケティングの結果を受け，微調整を行った上でいよいよ新製品を実際の市場に投入することになる。ここで大切なのは，投入のタイミングとエリアになる。タイミング的には，競合の先手を打つことは重要である。またエリアに関しては，地域を限定してから全国販売に拡散していくやり方もあれば，一気に全国発売をして認知を高める方法もある。しかし，一気に全国販売し大ヒットとなった場合，製造が追いつかず品切れを招き，消費者の反感を買うなどということにも注意を払わなければならない。せっかく製品が受け入れられたのに，別の面で消費者離れを発生させてしまっては本末転倒である。

6.3　製品ミックス

製品の差別化

　企業は市場において，日々競合企業としのぎを削る戦いを繰り広げている。しかしどの企業も決して競争を望んでいるわけではない。特にどの企業も避けて通りたいのが価格競争である。価格を下げれば一時的に顧客が増え，売上も上がるが，それは原価を考慮した最初の費用が回収できないことを意味し，収益を圧迫することになる。また気をつけるべきは，低価格が長期化することで顧客から「低価格な商品」と認識されてしまうことである。市場に同類の製品があふれ，機能の違いを識別しにくい現代において，低価格商品はすなわち「低品質な商品」をイメージさせてしまうからである。一度顧客の頭の中にできた製品のイメージは覆すのが非常に困難である。短期的な売上を確保するために，かえって長期的な顧客の評判や利益を失うことにもなりかねない。

　低価格競争を避けるには，製品に違いを持たせるか，市場を狭めていくことが必要になってくる。これによって，簡単な道ではないが価格競争は回避することができる。逆に非価格競争は企業にとって超過収入を確保することを意味している。利幅を大きくとる価格設定は，製品をどれだけ魅力的に見せるかの

製品戦略にかかっている。品質，機能，デザイン，パッケージ，サービスなどで他社製品と自社製品を区別させ，顧客に魅力を感じてもらい購入の意欲を喚起させること，それは競合製品との間に差別的競争優位を確保することである。こうした製品戦略を「**製品差別化**（product differentiation）」と呼ぶ。製品差別化の目的は，同一カテゴリー内での価格競争の回避と，高い収益性を確保することである。

差別化の源泉

　では企業はどこに製品の差別性を見出すべきなのだろうか。製品がトータルな複合物と捉えられる以上，その差別化の源泉も複合的に捉えることができる。**6.1** で，コトラーによる 3 つの製品概念を紹介した。製品を中核製品，実在製品，そして拡張製品の 3 つのレベルに分けて考えるモデルである。製品を差別化する源泉もこのように 3 つの階層で考えてみることができる。

　例として自動車で考えてみよう。通常の車における中核製品とはガソリンを燃焼させてエンジンを駆動させる構造であり，中核の便益は移動の手段である。しかし近年登場した燃料電池車では，中核製品が電池でモーターを駆動させる構造であり，中核の便益は環境を汚さずに移動するということになる。私たちの目に映る実在製品としてもガソリン車と燃料電池車では様々な仕様が異なってくる。ガソリン車では運転のたびにエンジン音が鳴るが，燃料電池車ではそれが発生しない。またガソリン車では，燃料のガソリンを燃焼させた後のガスを排出し，ガソリンの爆発音を低減させる役割を担うマフラーを持つことになる。しかし，燃料としてガソリンに頼らない燃料電池車ではマフラーは不要となり，目に見える部分でも差別性を持つことになる。

　パソコンの Windows と Mac の比較でも理解することができる。もともとWindows パソコンの中核製品とは，企業内の事務処理を軽減するために生まれたものであり，中核的な便益として業務の効率化があげられる。それに比べて Mac は，誰でもが直感的に使えることを中核的な便益として中核製品を設計してきた経緯がある。よって早くから GUI（グラフィカル・ユーザー・インターフェイス）という発想のもとプログラム入力ではなく，画面をマウスでクリックしながら処理を進める操作性を採用したのである。両社の考え方は実

在製品にも違いとなって表れてくる。オフィスでの事務作業効率化に使われる
パソコンに優雅なデザインは求められなかった。しかし Mac のほうは，オフ
ィスワーカーのみならず家庭で使うことも想定されており，部屋の中に置いて
も絵になる製品デザインで設計されていた。1998 年に話題になったのがパソ
コン自体に丸みを帯びたデザインを採用し，複数のカラーを用意して発売した
iMac（アイマック）であった。

製品多様化と製品ミックス

　既存製品の差別化が不十分であったり，売上の成長がこれ以上望めない状況
にある場合，企業は市場に新たな製品を投入しなければならない。その際企業
がよく行うのは，同一カテゴリーに異なる**製品アイテム**（製品品目）を投入す
るという製品多様化戦略である。たとえばポテトチップス・メーカーが競合他
社との差別化を図り売上を確保するために，従来の塩味に加えてコンソメ味や
のり塩味を市場に投入する場合が該当する。これは実際に多くの企業が行って
いる。ポテトチップス・メーカーとしては新たなカテゴリーへの参入は膨大な
コストがかかるが，フレーバーのみの変更であればターゲット顧客も似通って
おり，リスクが少ないので採用しやすいのである。

　しかし実際には，様々なメーカーは単一の**製品ライン**（製品系列）だけでは
なく，複数の製品ラインを持っているのが普通である。菓子メーカーであれば，
ポテトチップス以外にもチョコレート菓子やクッキー，デザートなどの製品ラ
インを保有している。このように様々な種類の製品をラインと先にあげたよう
な多様化した製品アイテムの組合せを「**製品ミックス**（product mix）」という。

　製品ラインの数は，「**製品ミックスの幅**」と呼び，各製品ライン内の製品ア
イテムの数は「**製品ミックスの深さ**」と呼ぶ（**表6-1**）。

　顧客のニーズが多種多様であるということは，市場は1つではないことを意
味している。これは市場を細分化し，製品を差別化していくチャンスでもある
が，同時にマーケターにとっては細分化された市場を見極め，適切な製品を適
切な時期に投入しなければならないことも意味している。

表6-1 製品ミックスの幅と深さ

←————製品ミックスの幅（製品ラインの数）————→		
ポテトチップス	チョコレート	クッキー
・塩味	・マイルド	・プレーン
・のり塩味	・ビター	・チョコ入り
・コンソメ味	・ホワイト	・レーズン入り
・わさび味	・ストロベリー	・ナッツ入り
・うめ味	・ボンボン	・抹茶味
など	など	など

（左縦軸）↑（製品アイテムの数）製品ミックスの深さ↓

6.4　プロダクト・ライフ・サイクル

プロダクト・ライフ・サイクルとは何か

　一つの製品の売れ方を，誕生から長年観察してみると，途中売れ方や客層に変化が現れることがある。この現象を理解するには「プロダクト・ライフ・サイクル（product life cycle）」という概念を知っておく必要がある。これは生物の誕生から，成長，成熟を経て，衰退し，死に至る一生を製品に類推したものである。人の人生にも様々なライフ・サイクルがあるが，標準的なプロダクト・ライフ・サイクルはS字型の曲線を描く（図6-4）。

【1】　導入期の特徴と戦略

　プロダクト・ライフ・サイクルの導入期は，製品が市場に送り出されたばかりの段階であり，売上高が少ない時期である。市場に投入されたばかりの製品の存在や用途が知られていないため，顧客の数は少なく，同時に競合の数も少ない。この段階では一般的に収益を費用が上回る状態となる。製品開発に費やした開発費用や，製品を知らしめるための広告費，販売促進費，流通チャネルを構築する費用などがかかり，規模の経済性が機能していないため生産コストも高くついてしまう。資金の流出が流入を上回る時期である。

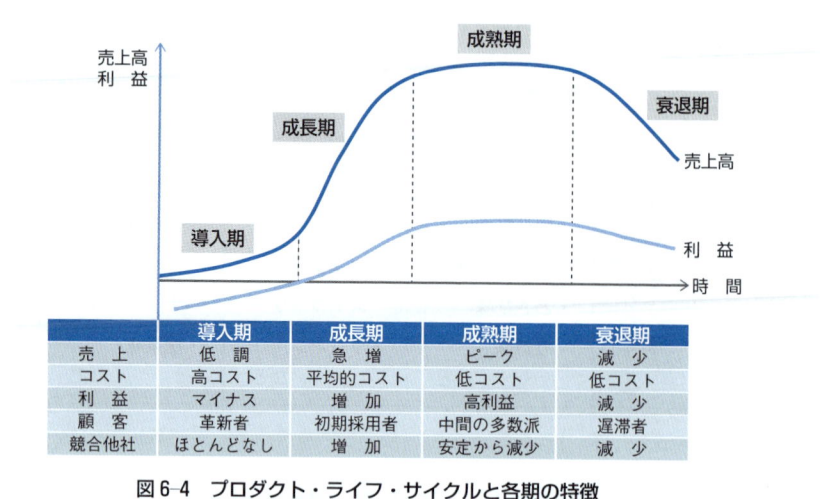

図6-4　プロダクト・ライフ・サイクルと各期の特徴

	導入期	成長期	成熟期	衰退期
売　上	低　調	急　増	ピーク	減　少
コスト	高コスト	平均的コスト	低コスト	低コスト
利　益	マイナス	増　加	高利益	減　少
顧　客	革新者	初期採用者	中間の多数派	遅滞者
競合他社	ほとんどなし	増　加	安定から減少	減　少

（出所）　P. コトラー・G. アームストロング，恩藏直人監修・月谷真紀訳（2010），『コトラーのマーケティング入門 第4版』ピアソン・エデュケーション，p.344 をもとに作成。

表6-2　導入期の戦略

マーケティングの目的				
製品認知と製品試用の促進				
製品戦略	価格戦略	流通戦略	広告戦略	販売促進戦略
基本的製品の提供	コスト・プラス方式の採用	選択的流通チャネルの構築	初期採用者とディーラーにおける製品認知の促進	製品試用を促進するために展開

（出所）　P. コトラー・G. アームストロング，恩藏直人監修・月谷真紀訳（2010），『コトラーのマーケティング入門 第4版』ピアソン・エデュケーション，p.344 をもとに作成。

　この時期の企業の戦略としては，潜在的顧客の発見と彼らへの告知活動，試供品提供やモニタリングによる製品への使用促進活動，そして販売経路としての小売チャネルの確保を行う必要がある。どのような製品であれ，初めて世の中に出るときには導入期を迎える。初期コストが多くかかるが，それを乗り越えひとたび成長期に入ると，最初に参入した企業は大きなメリットを得ることになるのも事実である。それは市場の第一人者との評判が立つからである（**表6-2**）。

表6-3 成長期の戦略

マーケティングの目的				
市場シェアの最大化				
製品戦略	価格戦略	流通戦略	広告戦略	販売促進戦略
製品拡張，サービスと保証の提供	市場浸透価格	開放的チャネルの構築	マス市場における認知と関心の喚起	縮　小

(出所) P. コトラー・G. アームストロング，恩藏直人監修・月谷真紀訳 (2010)，『コトラーのマーケティング入門 第4版』ピアソン・エデュケーション，p.344 をもとに作成。

【2】　成長期の特徴と戦略

　成長期は製品の存在が認められ市場が拡大する時期である。新しいもの好きな消費者（**初期革新者**と呼ばれる）の導入に続き，多くの保守的な消費者が購入を始める時期でもある。このころになると，売上急増に伴う工場の量産効果により，利益が上昇し始める。しかし競合企業も成長している市場を見て参入を試みる時期でもある。激しくなる競争に打ち勝つためにプロモーションの費用などの支出も増加していく。その結果，成長期は現金の収入も多いが支出も増えやすい時期でもある。

　この時期にとるべき戦略は企業のポジションによって異なってくる。もし自社がその市場を創り出した立場であるなら，様々な**参入障壁**を設けることができる。製造方法やカテゴリー名称などには特許を取得することで法的保護が可能になる。また自社が後発参入組である場合には，先行企業が市場を独占しないうちに品質を改良した製品を投入したり，積極的なプロモーション戦略を導入し，自社はこのカテゴリーの主要プレイヤーであるとのイメージを打ち出さねばならない。その他にも，新しいモデルの投入や，市場細分化の研究，新しい流通チャネルの構築，製品告知広告から製品購入を促進する広告への変換，需要を喚起するための価格戦略の見直しなどを採用していく必要がある（**表6-3**）。

【3】　成熟期の特徴と戦略

　成熟期は，製品が普及し売上が最大に達する時期である。売上が最大になるということは，逆にこれ以上伸びが期待できない時期でもある。多くの消費者に製品が普及し，売上が伸び悩む。製品がひと通り行き渡ったことで新規顧客

を開拓するのが困難になり，それに代わって買い替え需要が中心となっていく。この時期には既に設備投資も終わっており，利益がピークを迎えるが，シェア確保のためのコストも増加するようになり，徐々に利益が低下を始めることになる。

　企業が成熟期に行うべき戦略には 3 つの方向性がある。

　1 つめが，「市場の修正」である。成熟期を迎えた製品に対して追加の市場がないものか，検討してみる必要がある。たとえば，既存顧客の購入量を増やす策を検討することで追加の市場を見出すこともできる。ネスレ日本株式会社は，ロングセラー商品ではあるが成熟期に入っているキットカットに対して「焼きキットカット」なる食べ方を提案することで，既存顧客の消費拡大を実現させている。これは新製品を投入したわけではなく，あくまでも従来品のキットカットをトースターで焼くという，新しい食べ方の提案のみで追加市場を開拓した事例である。

　2 つめの戦略が「製品の修正」である。これは製品の特性を少し変えることで，新たな顧客の開拓や既存顧客の購入量を増加させる施策である。自動車メーカーのモデル・チェンジなどがあてはまる。欧米では 7 年程度がフルモデル・チェンジのサイクルであるといわれているが，日本ではほぼ 4 年でフルモデル・チェンジを行い既存顧客の買い替えを促している。

　3 つめの成熟期対応戦略が「マーケティング・ミックスの修正」である。これはマーケティング・ミックスのうちの一つの要因，あるいは複数の要因を変更することで販売を刺激し，売上促進につなげるものである。価格戦略に関わる部分では，セット販売による値引きやクーポンの提供などがある。流通戦略に関わる部分では，量販店やディスカウントストア・ルートの開拓やインターネット販売の開始などがある。プロモーション戦略に関わる部分では，より販売促進効果のある広告キャンペーンの実施や景品の提供などがあげられる。

　実は私たちが現在購入する製品のうち最も多いのがこの成熟期に位置する製品群である。よってマーケターはこの時期にどれだけ多く自社製品に対して打ち手を持つことができるかが，プロダクト・ライフ・サイクルを延命させ，売上と利益を獲得していく要となるのである（**表6-4**）。

表6-4　成熟期の戦略

マーケティングの目的				
市場シェアを守りつつ利益を最大化				
製品戦略	価格戦略	流通戦略	広告戦略	販売促進戦略
ブランドとモデルの多様化	競合他社に匹敵，あるいはしのぐ価格	より進んだ開放的流通チャネルの構築	ブランドの差異とベネフィットの協調	ブランド・スイッチングを促進するために拡大

（出所）　P. コトラー・G. アームストロング，恩藏直人監修・月谷真紀訳（2010），『コトラーのマーケティング入門 第4版』ピアソン・エデュケーション，p.344 をもとに作成。

表6-5　衰退期の戦略

マーケティングの目的				
支出の減少とブランドの収穫				
製品戦略	価格戦略	流通戦略	広告戦略	販売促進戦略
弱いアイテムの段階的除去	値下げ	不採算チャネルを整理し，選択的流通へ回帰	ロイヤル・ユーザーの維持に必要なレベルまで縮小	最小レベルまで縮小

（出所）　P. コトラー・G. アームストロング，恩藏直人監修・月谷真紀訳（2010），『コトラーのマーケティング入門 第4版』ピアソン・エデュケーション，p.344 をもとに作成。

【4】　衰退期の特徴と戦略

　衰退期は，プロダクト・ライフ・サイクルの最終段階である。市場に代替製品が登場したり，顧客の嗜好変化により，需要が縮小していく時期である。売上，利益ともに減少を続け，市場から撤退していく企業が増加する時期でもある。

　企業が実施すべきは，プロモーション費用などをかけず，自然に得られる利益の収穫に努めることである。これまで製品開発や市場開拓，育成にかけてきた費用を回収する期間なのである。この時期重要なのは市場を撤退するタイミングである。完全に代替製品にとって代わられた場合，自社で抱える在庫には今度は廃棄費用が必要となってくるからである（**表6-5**）。

《参考文献》

Armstrong, Gary and Philip Kotler (1999), *Marketing: An Introduction* (5th ed.), Prentice Hall.

亀川雅人・有馬賢治 (2000),『入門マーケティング』新世社。

Kotler, Philip and Gary Armstrong (1998), *Principles of Marketing* (8th ed.), Prentice Hall.

P. コトラー・G. アームストロング・恩藏直人 (2014),『コトラー, アームストロング, 恩藏のマーケティング原理』丸善出版。

P. コトラー・G. アームストロング, 恩藏直人監修・月谷真紀訳 (2010),『コトラーの マーケティング入門 第4版』ピアソン・エデュケーション。

P. コトラー・K. ケラー, 恩藏直人監修・月谷真紀訳 (2014),『コトラー&ケラーのマ ーケティング・マネジメント [第12版]』丸善出版。

P. コトラー・恩藏直人, 大川修二訳 (2003),『コトラーのマーケティング・コンセプ ト』東洋経済新報社。

西川英彦・廣田章光 (2012),『1からの商品企画』碩学舎。

小川孔輔 (2009),『マーケティング入門』日本経済新聞出版社。

Shostack, Lynn G. (1977), "Breaking Free from Product Marketing," *Journal of Marketing*, 41, April.

7 ブランディング

7.1 ブランドとは

ブランドの定義

「ブランドとは何か？」という問いに対して「高級ファッション・ブランド」「広告で創られたイメージ」など間違った意見を耳にする。これらの意見はブランドを「近年になって広告の力で生まれたプレミアム製品」と誤認している。ブランドは古代から存在している。長い間，ブランドとは製品を区別する手段として用いられてきた。事実，「brand」という言葉は「焼きつける」を意味する古代ノルド語から発祥している。古代から家畜に焼印を押し自分の家の財産であることを示していたことからも理解できる。こうすることで，他人の家畜と取り違うこともないからだ。

アメリカ・マーケティング協会はブランドを「ある売り手あるいは売り手の集団の製品およびサービスを識別し，競合他社の製品およびサービスと差別化することを意図した名称，言葉，サイン，シンボル，デザインあるいはその組み合わせ」であるとしている。そして自社のブランドを顧客から識別させる活動を「ブランディング（branding：ブランド化）」と呼ぶ。つまり，ブランディングとは「競合ブランドに対して自社ブランドに差別的優位を与えるための長期的なイメージ創造活動」ということになる。その際に，競合製品から識別する印になるのが，ネーミングでありシンボル，ジングルやパッケージなどで

ある。これらがブランド要素と呼ばれるものである。

ブランドの歴史

　このように，ブランドとは競合他社との識別が目的で創られたものである。ではブランドの起源はいつごろなのだろうか。それは人が自分のものと他人のものを識別したい，させたいと願った古代から始まっている。陶器や工芸品を作る職人は粗悪品と自らの製品を区別するために印を欲した。事実，古代の陶器や石器などからは製造者の印が見つかっている。特に陶器や陶製のランプは生産された土地から遠く離れた地域で取引されることが多く，買い手としては品質の保証となる製作者の目印を欲したという。このような製造者を表す印は，古代ギリシャやローマの壺，そして中国の磁器から多く見つかっている。

　中世に入ると，印刷業者やパン製造者が自らの製品を示すために識別の印を活用したという。1266 年英国では，法律によりパン 1 個ずつに製造業者の印をつけるよう定められた。当時は重量をごまかすパン製造者が多く，粗悪品のパンを調べるために行われた背景がある。同様に金細工師も自らの製品に識別のための印をつけることを義務化された。金や銀は高価な財であり，かつ不純物を混ぜられても一般消費者には識別できないため，トラブルになることが多かったからである。

　近代的なブランドの歴史が始まるのは 19 世紀に入ってからになる。当時 P＆G 社（米国プロクター・アンド・ギャンブル社）はローソクを製造し，ミシシッピ川を使って船で各地に輸送していた。船着き場では職人が，数ある木箱の中で P&G 製の木箱には星の印をつけていた。それは取扱業者にとって不純物の少ない，高品質なローソクを表すシンボルであった。当時，経済恐慌や南北戦争の混乱で不純物のまざったローソクが多く流通している状況であった。P&G はいち早くそれに気づき，自社製品の木箱全てにあらかじめ星のマークをつけて出荷したのである。これこそが，良質な自社製品と他社の製品を識別してもらうために始めた施策であり，ブランディングの作業であった。その後も P&G はブランドごとの開発から発売，売上責任を持つ**ブランド・マネジャー制**を採用し，ブランド重視のマネジメント手法を進化させていくことになる。

ブランドの種類

プロダクト・ブランド

「**プロダクト・ブランド**（product brand）」とは消費者が支払いの対価として購入する対象であり，製品を象徴するものである。プロダクトとつく名の通り，有形財が対象である。石井はプロダクト・ブランドの説明を製品との比較でわかりやすく論じている。大学生が洋服を購入する場合，多くの学生がお気に入りのファッション・ブランドの店に行き，その中で服を選んで購入するという。一方かなり少数派ではあるが，近くの総合スーパーやファッションビルに行き，ブランドには注目せずに純粋なデザインや着心地で服を選んで購入する学生も存在する。前者の購買行動は，最初にブランドの選択から入り，その後製品自体を評価して購入を決めたことになる。後者は逆で，最初に製品自体の評価から入り，結果的にいずれかのブランドを購入していることになる。ブランドを製品と分けて考えると，先に紹介したP&G社製ローソクへの星印付与の構造もよく理解できる（図7–1）。

船着き場にローソクを購入しにきた業者でさえ，製品自体の品質はわからず，実際に火をつけてみて，ロウの減り具合から粗悪品かどうか判断するしかなかった。しかしP&G製のローソクは高品質なことで知られていた。そこで取引

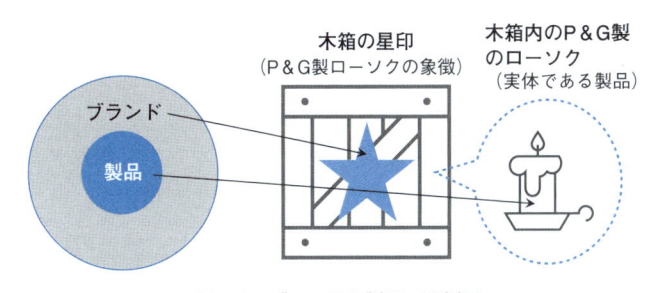

図7–1　ブランドと製品の関係図

（出所）　長崎秀俊（2015），『イラストで理解する・ブランド戦略入門』三弥井書店，p.11
をもとに作成。

業者はあらかじめ箱につけられた星印を目当てにP&Gの商品を探すようになったのである。

プロダクト・ブランドの事例としては，お菓子でいえばグリコの「ポッキー」であり，スマートフォンでいえばアップルの「アイフォン」などが該当する。

サービス・ブランド

前節で「消費者が支払いの対価として購入する有形財をプロダクト・ブランド」と説明した。しかし消費者がお金を支払い購入する対象は有形財だけではない。対象がサービスなどの無形財の場合，そこを識別するために存在するのが「サービス・ブランド（service brand）」である。プロダクト・ブランドが製品を象徴したように，「サービス・ブランドとは無形財のサービスを象徴するもの」である。テーマパークであれば「東京ディズニーランド」や，「USJ：ユニバーサル・スタジオ・ジャパン」などが該当する。

コーポレート・ブランド

製品を象徴する存在がプロダクト・ブランドであると説明したが，対する「コーポレート・ブランド（corporate brand）」とは企業を象徴するものである。プロダクト・ブランドを生み出した製造元，提供元を意味しており，プロダクト・ブランドに安心感や信頼性を与える役割を果たしている。

昔，消費者は製品を購入するとき，プロダクト・ブランドのみを評価して購買決定する場合が多かった。しかし近年は，製品やサービスの購入を決定する際にコーポレート・ブランドを参考にする消費者が増加している。その背景には2つの理由が存在している。1つめはプロダクト・ブランド自体に差別性がなくなりつつあり，購買決定時にコーポレート・ブランドを比較することでより専門性の高い企業の製品を購入したいという消費者が増えたということである。2つめの理由は近年企業の不祥事が相次ぐことから，購買決定時にこれらの企業を避けて購入したいと考える消費者が増加したことがあげられる。また最近では社会に貢献している企業を応援したいという消費者も非常に増えている。

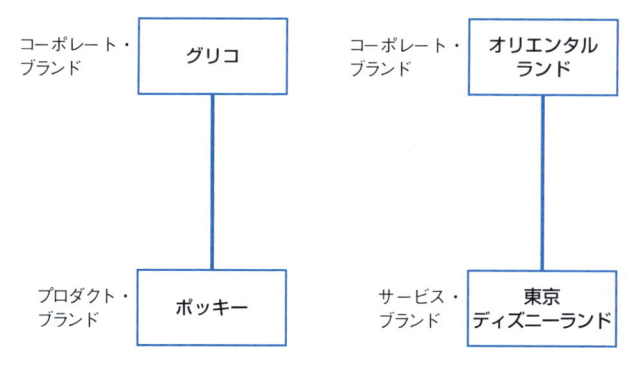

図7-2 コーポレート・ブランドとプロダクト（サービス）・ブランドの関係性

　コーポレート・ブランドの事例はお菓子業界であれば「グリコ」であり，テーマパーク業界であれば「オリエンタルランド」があげられる。これをプロダクト・ブランドやサービス・ブランドとの関係性で理解しておくとが重要である（図7-2）。

　またここで注意すべきは，社名とコーポレート・ブランドは必ずしも同じではないということである。最初に説明したようにブランドとは市場で消費者に識別してもらう要素である。たとえば日本航空株式会社は正式社名であるが，自社の機体には「JAL」のシンボルが表記されており，マイレージカードの名称も「JALカード」であり，ウェブサイト内での自社の紹介にも「JALブランド」についての説明のページを設けており，その中で「私たちがJALです」と宣言している。彼らは決して消費者に「日本航空」という社名を覚えてもらおうとしていない。あくまでも覚えてもらいたいのは「JAL」のほうである。こちらのほうが短く覚えやすい。また彼らの顧客には海外の人も存在している。「日本航空」は日本語表記であり，彼らに読むことも意味を理解させることもできないのである。

プロダクト・ブランドの種類

　プロダクト・ブランドの中にも2つのタイプのブランドが存在している。一つは製造業者が自ら設計・製造し，小売店で販売する「**ナショナル・ブランド**（national brand）」である。もう一つが小売店が製品の仕様を設計し，製造業

者に依頼して製造してもらったものを，小売店独自のブランドとして販売する「**プライベート・ブランド**（private brand）」である。伊藤園が製造する緑茶飲料「お～いお茶」はナショナル・ブランドであるが，イオンやセブンイレブンが独自に販売する「緑茶」はプライベート・ブランドである。プライベート・ブランドを提供する企業側のメリットとして，利益率の高い商品を販売できることがあげられる。ナショナル・ブランドには有名ブランドとしての安心感があり，かつ専門性の高い企業が製造しているという高品質感も味わうことができる。またプライベート・ブランドには低価格の魅力が存在している。ただし近年では，高品質で高額なプライベート・ブランドも誕生している。

現在は有名なナショナル・ブランドである「無印良品」も最初は西友のプライベート・ブランドから始まっていることは，今ではあまり知られていない事実である。

7.3 ブランドのベネフィット

企業側のベネフィット

ブランドのベネフィットを考える場合，企業側と消費者側の2つの視点から見ることが大切である。一方にメリットがあり他方にメリットがない場合，一時的なブームにはなれど市場に定着することはないからだ。

最初にブランドを構築し，市場に提供する企業側のベネフィットから考える。企業側のベネフィットは，一言でいえばブランドが競争優位の源泉になるということである。まずはブランドを立ち上げ**商標登録**することで，自社の経営資源を法的に守ることができる。ネーミングだけでなく，シンボルやパッケージ，キャラクターに至るまでが対象になる。現代のように類似商品があふれる市場においては，ヒット商品を生み出すことは非常に難しい。よって1社がヒット商品を出すと，他社がそれを模倣した商品を市場に投入してくるケースが多い。しかし商標登録しておけば他社の模倣品を排除でき，自社が投入した開発コストや宣伝費用も無駄にならずに済むのである。ヤクルトやコカ・コーラのパッ

ケージは非常にユニークな形状をしており，遠くからでも識別可能である。これらは形状を**立体商標**として登録しており，他社は真似できないのである。不二家の「ペコちゃん」も商標登録されているキャラクターである。

　また一度満足した消費者への品質のシグナルになるという点も企業側のベネフィットである。初回購入時，ブランドは気にしていなかったかもしれないが，満足した消費者は再び同じものを購入しようとする。その際，ブランドが売場での目印となる。ここで満足した商品にブランドがなかった場合を考えてみよう。どこで購入したか覚えていないティッシュペーパーの品質が良かったとする。消費者は再購入しようすると，手がかりが乏しいことになる。一般名称の「ティッシュ」では探しようがないからだ。もしブランドがついていれば，自分で探せなくても店員に「○○ありますか？」と聞くだけで売場に連れていってもらえるであろう。

　最後の企業側のベネフィットは，価格競争を回避できることである。価格が理由で自社ブランドを購入してくれた消費者は，次回は他社が価格を下げた場合，そちらを購入する可能性が高い。購入要因がブランドでなく，価格であるからだ。しかし，購入の要因がブランドの場合，製品の良さで購入しているため，他社が値下げしても，または自社が値上げをしても製品の良さを求めて買いに来てくれる可能性が高いのである。

消費者側のベネフィット

　ブランド研究の第一人者といわれるアーカー（D. A. Aaker）は消費者側のブランドのベネフィットを3つあげている。①**機能的ベネフィット**，②**情緒的ベネフィット**，③**自己表現的ベネフィット**である。

　機能的ベネフィットとは，製品やサービスの機能自体がもたらす便利さのことである。製品への評価として「美味しい」「使いやすい」「栄養がある」「便利である」「早い」などがあげられる。

　情緒的ベネフィットとは，その製品を所有したりサービスを消費することで得られる感情に訴えかける心地よさである。「安心できる」「ほっとする」「ワクワクする」「充実した」「面白い」などのポジティブな感情を抱かせることである。

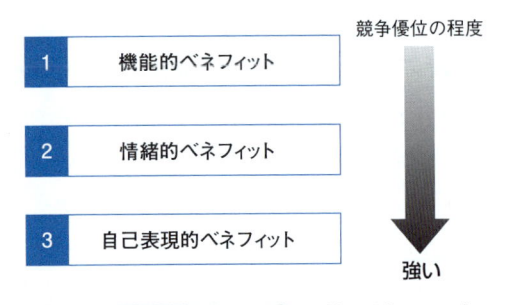

図7-3　消費者側の3つのブランド・ベネフィット

　最後が自己表現的ベネフィットである。これは，その製品を所有したりサービスの利用によって自己表現ができることである。「エルメスのバックを持っていればお洒落」「BMWを運転していればエグゼクティブ」「リッツカールトンに宿泊していればセレブ」というイメージを自分にまとわりつかせることが可能になる。車を移動のみの手段として考える人は，費用対効果を検討材料にマイカー選びをすることになる。しかし得意先とのゴルフに行く際に「きちんとした車に乗っている」と思わせたいのであれば，「クラウン」や「ベンツ」に乗るという選択肢も含んで，車選びをすることになる。

　強いブランドを構築するためには，企業側は機能的ベネフィット構築だけで満足せず，情緒的ベネフィットを構築し，さらに自己表現的ベネフィットまでを構築しておく必要がある。それは競合企業がより模倣しにくくなるからである（図7-3）。

7.4　ブランド要素

ブランド要素とは

　ブランド要素とは，消費者にブランドを認識させるためのものであり，商標登録が可能な要素である。具体的には，ネーミング，シンボル，スローガン，ジングル，パッケージ，キャラクターの6つを指す。これらは重要度の高い中

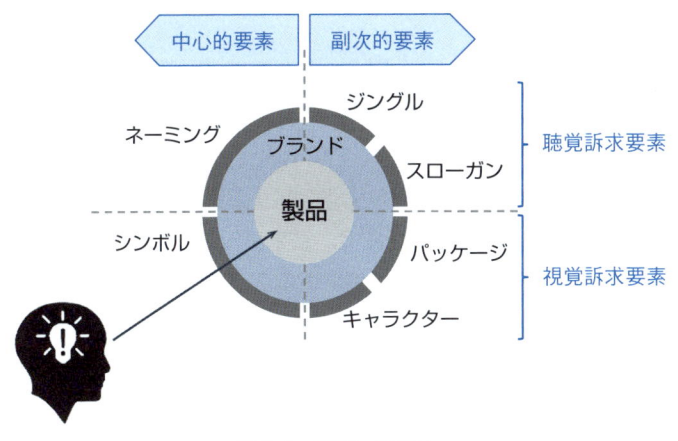

図 7–4 ブランド要素

(出所) 長崎秀俊 (2015),『イラストで理解する・ブランド戦略入門』三弥井書店, p.67。

心的要素（ネーミング，シンボル）と，重要度のやや落ちる副次的要素（ジングル，スローガン，パッケージ，キャクター）に分けることができる。また，聴覚に訴求する要素（ネーミング，ジングル，スローガン）か，視覚に訴求する要素（シンボル，パッケージ，キャラクター）かでも分けることが可能である。6つのブランド要素はどれもブランドを認識させるには有効な手段であるが，それぞれ機能が異なるため，魅力的なブランドを創造するためには，できるだけ多くの要素を同時に持ち合わせることを目指すべきである。マクドナルドなどはゴールデンアーチのシンボルを持ち，"I'm lovin'it" というスローガンを持ち，ドナルドというキャラクターも所有している。様々な観点からブランドに連想がつながるフックが多いということである。消費者はこのようなブランドに対してメジャー感を抱き，自然と好意を持つようになるのである。こうなることでより選ばれる確率が高まるのである（**図 7–4**）。

【1】 ネーミング

「ネーミング（naming）」とは，文字通り製品につけられた名称であり，ブランド要素の中心的役割を果たす存在である。ネーミングがなければ商品を探すことも，人に伝えることもできないからである。聴覚に訴える製品の個性でもある。ブランド要素の中でも最も消費者の心の中で製品と結びつくものであ

る。

　ブランドのネーミングは一度公開されると変更が困難な要素である。一度記憶されたネーミングは，消費者の脳裏に焼きつき長く記憶されるからである。そのため新規開発時には，「ネガティブなイメージは発生しないか」「競合ネーミングに似ていないか」など最新の注意を払う必要がある。良いネーミングとは，シンプルで発音やつづりが容易で，意味が伝わりやすいものである。「キューピー」や「味の素」などが良い例である。

【2】　シンボル

　「シンボル（symbol）」とは，ブランド・ネーミングを視覚要素としてデザインしたものである。シンボルの歴史は古く，古代王家の紋章などに見られる。視覚に訴えかける製品の個性でもある。

　シンボルのメリットは，視認性が高いため文字が読めないような遠くの距離からでも識別可能なことである。もう一つのメリットは，非言語的要素のため言葉の通じない外国でも採用することが可能なことである。言葉が通じない国でもイラストや絵として認識させられるからである。ネーミングが文字情報として左脳に訴求する要素であるとすると，シンボルはイラスト情報として直感的に右脳に訴求する要素なのである。ネーミングと異なり変更も可能であるが，急激なデザインの変更は既存客を混乱させるため，時間をかけて少しずつ変更していく場合が多い。

【3】　スローガン

　「スローガン（slogan）」とは，ブランドに関する記述的な情報を伝達する短いフレーズである。ブランドが何者であるか，どのようなベネフィットがあるかを説明するものである。ブランドネームだけでは伝えきれないメッセージを伝達することができる。日本においては製菓会社ロッテの「お口の恋人」が長らく消費者に愛されてきたスローガンである。彼らは主力だったガムや菓子のことを「お口の恋人」と表現したのである。自社の事業を間接的に上品に伝えていることで長年消費者の心に刻まれたのであろう。

【4】 ジングル

「ジングル (jingle)」とは，ブランドに関する音楽によるメッセージのことである。多くの場合，消費者の心に長期間記憶される覚えやすいフレーズで構成されており，音楽によるスローガンであるともいわれる。リズムにのって記憶しやすいため，人は広告を見た後に自然にジングルを口ずさんだり，復唱したりする場合が多いという。復唱されるその都度，ブランドの記憶が消費者の頭と心に刻み込まれていくのである。

インテルはジングルを戦略的に用いて成功した例である。本来彼らの直接の顧客はパソコンメーカーであるが，あえて最終顧客である一般消費者向けにジングルを使って訴求を続けた結果，最終消費者がインテル搭載パソコンを指名買いするようになり，パソコンメーカーがインテル製のチップを採用しなければならない状況を作り出した。結果，競合の AMD 社と同性能のチップを発売しても，彼らよりプレミアム価格で買い取ってもらうことができたのである。

【5】 パッケージ

「パッケージ (package)」とは，製品を包み売場で露出しているブランドの形であると表現することもできる。事実，パッケージはブランドとイコールとして認識されている場合も多い。人は「コカ・コーラ」から曲線型のボトルを思い出し，「ニベア」から青い色のパッケージを思い出し，「カルピス」から水玉のパッケージを思い出す。パッケージの外観は，ブランド認知の重要な手段になっている。パッケージの場合，特に色彩と形状がブランドの記憶と結びつきやすい。「コカ・コーラ」や「ヤクルト」のパッケージは形状がユニークでブランドの記憶と直結している。また「ニベア」や「カルピス」は色彩や色彩の組合せがブランドの記憶と結びついているのである。

【6】 キャラクター

「キャラクター (character)」とは，実在もしくは架空の人物や生き物をかたどったシンボルの特殊な形態である。多くのキャラクターの性格は友好的であり，言葉を話し，動き回ることもできるため，様々な世代の人の注意をひきやすいのが特徴である。パッケージ同様にブランドの認知も引き出しやすい要素である。人のように動いたりしゃべったりできるため，キャラクターをメイ

ンにしたストーリー展開もしやすく，マーケティング・プロモーションにしばしば採用される場合が多い。

　コーポレート・ブランドのキャラクターとして有名なのは，KFC の「カーネル・サンダース」や不二家の「ペコちゃん」，トイレタリーメーカー・ライオンの「ライオン」などがあげられる。またプロダクト・ブランドとしては，森永「チョコボール」の「キョロちゃん」や明治製菓「カール」の「カールおじさん」などがあげられる。

7.5　ブランド・エクイティ

ブランド・エクイティとは

　「エクイティ（equity）」とは，「資産」を意味する言葉である。よって「ブランド・エクイティ（brand equity）」とは，企業にとってブランドは資産だという考え方である。企業の資産というと多くの人は株式などの金融資産や，工場や本社の土地などの不動産を思い浮かべる。土地や工場の生産設備などは目に見える有形財のため，資産として認識しやすい。しかし資産という概念には有形資産の他に無形資産も含まれている。

　企業が持つ無形資産とは生産技術に関わる特許であったり，ブランドに関する商標権，そして優秀な人材，管理ノウハウなどがあげられる。そして近年ブランドは，人，モノ，金，情報に次ぐ第5の資産と評価されている。それは金融資産や不動産と同様に，適切に管理運営することによって価値を大きくすることも可能になるからである。ブランドの開発，管理，育成がうまい外資系企業では，自社で育てたブランドを高値で売却することも行っている。P&G 社は長年育成してきたポテトチップス・ブランドのプリングルス（Pringles）をケロッグ社に売却している。IBM 社も長年主力ブランドであったノートパソコンの ThinkPad を中国レノボ（Lenovo）社に売却している。

　アーカーはブランド・エクイティを「ブランド名やシンボルと結びついたブランド資産と負債の集合であり，製品のサービスの価値を増減させるもの」と

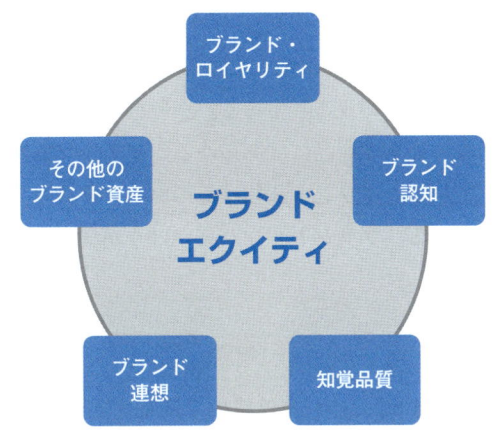

図7-5　ブランド・エクイティ要素

（出所）　Aaker, D. A.（1991）, *Managing brand equity*, Free Press, p.17 の Figure 1-3 をもと
に作成。

定義し，具体的に5つの要因をあげている（**図7-5**）。

【1】　ブランド・ロイヤリティ

　ブランド・エクイティの1番目が「ブランド・ロイヤリティ（brand loy-
alty）」である。ブランド・ロイヤリティとは，ブランドへの忠誠心である。
あるブランドを好きになった消費者は，価格に関わらず自分の好きなブランド
を何度も購入する。そしてときに，周囲に宣伝さえしてくれる。企業の業績が
不振なときにも，競合ブランドにスイッチすることもなく，企業に長期的な利
益をもたらし続けてくれる存在である。

　ブランド・ロイヤリティは全てのブランドの中核になる存在である。なぜな
ら，ロイヤリティは一度獲得するとなかなか失われないからである。企業にと
って行うべきは小さなセグメントでも良いから，ロイヤリティを獲得していく
ことである。こうすることで結局はこのロイヤリティを感じている少数の顧客
が，全体の売上の多くもたらしてくれる。2割の優良顧客が8割の売上をもた
らすというパレートの法則に従う状態になるからである。

【2】 ブランド認知

「ブランド認知（brand recognition）」とは読んでの通りブランドを知っていること自体に価値があるということである。一般的な消費者は自分が知っているモノを好み，馴染みのある商品にはあらゆるポジティブな特徴を見出そうとすることが知られている。ブランド認知はそのブランドに対する見方や好感度，態度にまで影響を与える。ブランド認知が高いほうがブランド・エクイティが高いことになる。

【3】 知覚品質

「知覚品質（perceived quality）」とは機械で測定できる絶対的な性能品質ではなく，実際に消費者が感じるブランドの品質のことである。ビールやチョコレートバーを，ブランドを隠した状態で飲んだり食べたりして評価した結果と，ブランドを開示したもとで評価した結果で大きな差が生じることは過去の実験結果から判明している。要はブランドのあるなしで，人の製品に対する評価は変わってしまうのである。

私たち消費者は，日々広告宣伝や人からのクチコミなどにさらされながら生活している。そしてブランドのついた商品を食べたり飲んだりする際にもパッケージを介する場合が多い。このような状況下，消費者は純粋に商品の品質だけを評価できないのが現実である。昔は「良いものを作っていれば必ず売れる」という文化があったが，現代では良いものを作っただけでは駄目で，ブランドを介してきちんと知覚品質も上げていかなければ伝わらない時代なのである。ブランド・エクイティを高めるには，絶対的品質の他に知覚品質も高めていく必要があるのである。

【4】 ブランド連想

「ブランド連想（brand associations）」とは消費者に何であれ，特定のブランドを連想させることである。たとえば，高いデザイン性のコンピュータといえば「Mac」，エコな車といえば「プリウス」，安全な車といえば「ボルボ」，乳がん支援といえば「エイボン」，フライドチキンといえば「KFC」などである。ゴールデンアーチや水色の箱で「マクドナルド」や「ティファニー」を思い出すのもブランド連想の力である。いわば人の記憶の中で自社ブランドに結

びつけるためのフックが沢山ついていることに価値があるということである。ブランドの連想を豊かにしていくことがブランド・エクイティを高めていくことにつながる。

【5】 その他のブランド資産

「その他のブランド資産 (other proprietary brand assets)」とは，知的所有権のある特許や商標，ノウハウ，取引関係などを指している。ブランドが製造に関する特許を持っていればそれだけで競争を優位に戦うことができる。世界中にハイブリッド車を浸透させた「プリウス」はエンジンとモーターを効率良く使い分けて駆動させる技術と特許を所有している。また「スターバックス」は日本進出に際し，シンボルの商標権を主張して，「エクセルシオール・カフェ」の類似ロゴを変更させ，自らのブランドの価値を守った。前述した「ヤクルト」や「コカ・コーラ」のパッケージも無形の資産なのである。

《参考文献》

Aaker, David A. (1991), *Managing Brand Equity*, Free Press.

Aaker, David A. (1996), *Buiding Strong Brand*, Free Press.

Aaker, David A. (2004), *Brand Portfolio Strategy*, Free Press.

D. A. アーカー，陶山計介・中田善啓・尾崎久仁博・小林哲訳 (1994)，『ブランド・エクイティ戦略―競争優位をつくりだす名前，シンボル，スローガン―』ダイヤモンド社。

D. A. アーカー，陶山計介・小林哲・梅本春夫・石垣智徳訳 (1997)，『ブランド優位の戦略―顧客を創造する BI の開発と実践―』ダイヤモンド社。

D. A. アーカー，阿久津聡訳 (2014)，『ブランド論―無形の差別化を作る 20 の基本原則―』ダイヤモンド社。

石井淳蔵 (1999)，『ブランド―価値の創造―』岩波書店。

岩下充志 (2012)，『ブランディング 7 つの原則―欧米トップ企業の最先端ノウハウ―』日本経済新聞出版社。

Keller, Kevin L. (1998), *Strategic Brand Management*, Prentice Hall.

K. L. ケラー，恩藏直人・亀井昭宏訳 (1998)，『戦略的ブランド・マネジメント』東急エージェンシー。

長崎秀俊 (2015)，『イラストで理解する・ブランド戦略入門』三弥井書店。

小川孔輔編 (2003)，『ブランド・リレーションシップ』同文舘出版。

恩蔵直人・亀井昭宏編（2002），『ブランド要素の戦略論理』早稲田大学出版部。

田中洋（2012），『ブランド戦略・ケースブック―ブランドはなぜ成功し，失敗するのか
　　―』同文舘出版。

8
コミュニケーション・デザイン

8.1 マーケティング・コミュニケーションの概念

企業活動におけるコミュニケーションの重要性

　私たちは，日々様々な欲求や動機からコミュニケーションを行っている。家族や友人，上司など様々な主体に対して，言語メッセージ（話し言葉や書き言葉，手話など）と非言語メッセージ（表情・身ぶり・まなざしなど）の両方を駆使してコミュニケーションを行っている。企業も同様に，自社が開発した製品あるいはサービスを「知ってほしい」「覚えてほしい」「選択してほしい」という欲求や動機を持ち，それらの思いを伝えるためにあらゆる手段を使って客体としての顧客に一生懸命働きかけているのである。あるときには言葉を駆使し，あるときには映像を通して，あるときには実物に触れてもらうことで，人々の関心を誘い，製品やサービスへの需要を喚起しているのである。

　しかし，個人間のコミュニケーションがときにそうであるように，企業が行うコミュニケーション活動も必ずしも意図した反応や結果を生じさせるとは限らない。コミュニケーションの技術が未熟であったり，手法やタイミングが適切でないと，情報の送り手である企業の意図とは異なる解釈を与え，ときに怒りや反感を与えるおそれもある。巧みなコミュニケーションが行われなければ伝えたい思いを聞いてもらうことはできないのである。

　コミュニケーションという言葉は，日常的には二者間において情報を伝達す

るという意味や，意思疎通するという意味で用いられることが多い。その本来的な意味は，ラテン語の「共通」を意味するコムニス（communis）という言葉に由来するもので，人間と人間との間に共通性をうちたてる行為を意味する。つまり，コミュニケーションは送り手と受け手の間における共通の認識基盤を創造するものであるが，これの実現は容易ではない。

したがって，企業は製品やブランドについての情報や魅力を正しく消費者に伝え，正しく理解してもらうという適切なコミュニケーション活動が第一に必要とされ，それが企業のマーケティング成果に大きく影響することになる。

プロモーションからコミュニケーションへ

マーケティング・コミュニケーションとは，企業のマーケティング活動における情報伝達活動の総称である。4つのPで整理したマッカーシーのマーケティング・ミックスでは，プロモーションという言葉で表現される活動である。企業がいかに魅力ある優れた製品やサービスを開発しても，消費者や社会に広くその存在を知ってもらえなければ購買に結びつかない。さらに，その特徴やブランドの世界観を受け手に正しく魅力的に届けることができなければ，市場で有利な競争を展開することは困難である。マーケティング・ミックスにおけるプロモーションが重要とされる理由はここにある。

かつては，売り手から買い手に向けられる一方通行的な情報の提供で，十分なマーケティング活動が行えた。マッカーシーのプロモーションという言葉には，こうしたマーケティングの背景が反映されていた。しかしながら，インターネットなどの情報通信技術の発達やSNSの普及により，企業と消費者の双方向の対話が可能になると，一方通行的なプロモーションの概念に代わる新しい言葉が必要になってきた。コミュニケーションという言葉を使用するのは，このような環境変化を反映しているのである。企業と消費者双方からの情報伝達を様々な方法を駆使して行い，双方の求めるものをリアルタイムにキャッチしなければ十分なマーケティング活動が行えなくなったのである。

情報が製品を世に出す

　現代は，毎日のように新製品が発売される。そして，その製品がヒットすると瞬く間に良く似た製品が他社からも発売される。たとえば，キリンホールディングスが2020年に発売した，国内で初めてビールで糖質ゼロを実現した「キリン一番搾り　糖質ゼロ」が大ヒットしたのを受け，各社から同様の製品が発売され，今では多くの飲料メーカーが糖質ゼロビールをラインナップに揃えている。これ以外にも飲料業界では，低アルコール飲料，機能性飲料，エネルギードリンク，無糖など，ある飲料メーカーが提案した新しい評価軸が支持を集めれば，瞬く間に市場は類似製品で埋め尽くされる。

　このような競争の激しい環境において，企業は消費者はもとより販売の協力者である卸売業者や小売業者などに対しても，製品の存在認知から効用・特徴の理解，そして競合他社と比べた優位点などを効果的かつ魅力的にアピールしていかなければならない。いかに消費者のニーズやウォンツを満たしても，どんなに競争力のある製品も，製品の情報が買い手に伝わらなければ意味がない。

　マーケティング・コミュニケーション活動は，企業が発信する様々な情報の企画や伝達を担う活動であると同時に，コミュニケーションの受け手である買い手の需要を刺激するという，企業のマーケティング活動全般の中でも非常に重要な位置を占めているのである。

8.2　マーケティング・コミュニケーションの機能とプロセス

マーケティング・コミュニケーションの機能

　亀井はマーケティング・コミュニケーションの機能について，次の3点をあげている。

① 　消費者ないし見込み客への製品情報の送達（＝**情報訴求**）

② 　製品への好意の形成（＝**イメージないしシンボル訴求**）

③ 　購買意思決定への直接的刺激づけ（＝**直接刺激訴求**）

マーケティング・コミュニケーションは，消費者あるいは見込み客に対して製品やサービスに関する情報をストレートに伝達することを第一の機能として持つ。これに加えて，そうした製品情報の処理の結果としての対象製品への好意や良好なイメージの形成を主眼とする機能を併有していると見ることができ，さらには製品事実ないし情報の単なる伝達から一歩進んで，消費者ないし見込み客による購買意思決定行動を当該製品より，コミュニケーション活動によってより効率的に図るという，販売促進的な機能も持ち合わせている。

また，効果的なマーケティング活動を行うためには，企業に対する良好な社会的評価を確立することが必要とされる。企業への信頼感は，マーケティング活動に強い影響を与えるものであり，製品についてのコミュニケーション活動だけでなく，企業そのものについてのコミュニケーション活動も重要である。

コミュニケーション・プロセス

企業のコミュニケーション活動は，単に消費者へ情報を発信するだけのものではない。発信した情報がどのように伝えられ，またどのように受けとめられているのかを理解しなければ，効果的なマーケティング戦略を遂行することはできない。そこで，発信した情報の**コミュニケーション・プロセス**の理解が必要とされてくる。

図 8-1 に示したように，コミュニケーションはプロセスとして捉えることができる。コトラーは，コミュニケーション・プロセスの要素として，①送り手が伝達する象徴の集合としての「**メッセージ**（message）」，②メッセージの「**送り手**（sender）」，③メッセージの「**受け手**（receiver）」，④思考を象徴的な形に変換する過程を意味する「**記号化**（encoding）」，⑤メッセージを移転させるコミュニケーション経路としての「**媒体**（media）」，⑥送り手によって記号化された象徴に対し，受け手が意味付けを与える「**解読**（decoding）」，⑦メッセージに接触した後の受け手の「**反応**（response）」，⑧受け手の反応として，送り手に伝達し返す「**フィードバック**（feedback）」，⑨これに加えて送り手が送っていないメッセージを受け手が得る「**雑音**（noise）」の 9 つをあげている。情報の送り手と受け手の間で，メッセージと媒体を介し，記号化，解読，反応，フィードバックの各機能が行われ，雑音がこれに加えられるのである。

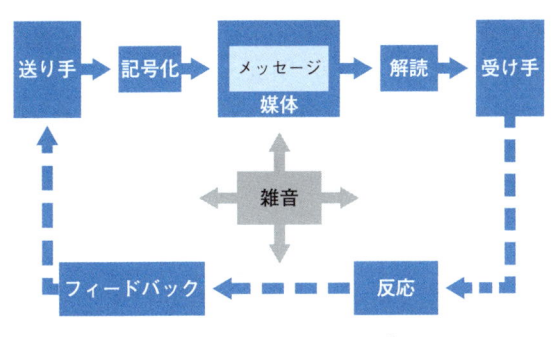

図8-1　コミュニケーション・プロセス

（出所）　Kotler, P. and G. Armstrong（2010），*Principles of Marketing*（13th ed.），Prentice Hall, p.408.

企業外部と企業内部のコミュニケーション

　マーケティング・コミュニケーションの対象は1つではなく，相手によって大きく2つに分けることができる。それは，企業の外部に対してのコミュニケーションと内部に対してのコミュニケーションである。前者を「**エクスターナル・コミュニケーション**（external communication）」，後者を「**インターナル・コミュニケーション**（internal communication）」と呼ぶ。

　エクスターナル・コミュニケーションとは企業外部，すなわち顧客や流通業者などとのコミュニケーションが中心となる。場合によっては，投資家や報道機関，地域住民など社会全般に対してのコミュニケーション活動も含まれ，これを「**コーポレート・コミュニケーション**（corporate communication）」と呼ぶ場合もある。企業は外部との関係から利益を得ている。したがって，エクスターナル・コミュニケーションはマーケティング・コミュニケーションの中心部分といえる。

　企業は，複数の人間から成り立つ組織であり，適切なマーケティング活動の実現は円滑な組織運営を前提とする。円滑な組織運営には組織構成員間の十分なコミュニケーションが必要であるため，マーケティング・コミュニケーションは社内に向けても行われる必要がある。たとえば，営業部門のスタッフと技術開発部門のスタッフ間における意思の疎通がうまくいかなかったり，互いの利害ばかりを追求するようであれば組織力の強化を図ることはできない。組織

には，常に人や情報や技術などが横断的に行き交うことで，総合力を発揮できる体制を整備・維持することが求められる。

　組織的一体感や社員の帰属意識が希薄になりつつある日本企業においては，近年，インターナル・コミュニケーションによる組織内の円滑なコミュニケーション活動の重要性が高まっている。

8.3　マーケティング・コミュニケーションの諸手段

マーケティング・コミュニケーションの種類

　マーケティング・コミュニケーションは，「広告（advertising）」，「パブリシティ（publicity）」，「人的販売（personal selling）」，「販売促進（sales promotion）」の４つの活動から構成される。これらの活動を通して，製品や企業に関する情報を提供するのみならず，買い手側の欲望や購買意思決定を刺激するなどマーケティング活動において重要な役割を担っている。以下では，ここであげた４要素について，その意味内容を明確にしておくことにしよう。

コミュニケーション活動としての広告

【1】　広告の概念と特徴

　「広告（advertising）」の語源であるラテン語の adzertere は，「振り向かせる，関心を向ける」の意味である。広告とは，「身元が明示された広告主が，人的な媒体を用いず，製品やサービス，アイデアあるいは組織そのものについて必要と思われる情報を伝達する有料のコミュニケーション活動」である。つまり，広告という活動には，広告主が明示されていること，非人的な媒体を用いること，有料であることの３点の特徴を有している。

　広告は，その他のコミュニケーション活動と比較していくつかの特徴がある。まず，地理的に分散した多数の潜在的顧客を想定すると，顧客１人当たりへの到達コストが安いことが挙げられる。次に，多くの顧客が繰り返し同じメッセ

ージを受け取るために浸透力が強い。そして，その企業や商品が社会的に認められているという印象を与える効果がある。

　しかし，媒体が非人的であり，多数の潜在的顧客を対象とするため，一方的なコミュニケーションとなりがちである。結果として，後に述べる人的販売などと比べて説得力に劣る場合がある。テレビ広告などの場合は多額の予算を必要とするが，その効果が直接的に把握できないことも問題とされる。

【2】　広告の種類

　広告は，訴求内容や広告目標，そしてメッセージの対象などによって分類できる。訴求内容から，商品についての情報を提供し，商品理解や態度を変容させる商品広告，企業そのものについて情報を提供し，企業に対する態度や評価を高めようとする企業広告，両者を混合した折衷広告がある。

　商品広告は，訴求目標の視点から情報提供型広告，説得型広告，およびリマインダー（reminder）型広告に分類できる。情報提供型広告は，告知型広告とも呼ばれ，商品の存在やその特徴を知らせることに主眼をおいた広告である。説得型広告は，商品の特徴や価格などを訴え，即時的反応を狙った広告である。競争の激しい市場において有効であり，日用雑貨類の広告によく見られる。リマインダー型広告は，成熟期になった商品を顧客が忘れないよう，ブランド・ロイヤリティを維持するための広告である。同広告は想起型広告とも呼ばれる。広告目標が情報提供や説得ではなく，ブランド名を想起させることが目標である。

　訴求対象という観点からは，最終消費者を対象とした消費者広告，卸売業や小売業といった流通業者に訴求する流通広告，産業用使用者向けの産業広告，医師，建築家，あるいは調理師といった専門家向けの専門広告に分類できる。専門広告は専門紙や専門雑誌などに掲載されることが多い。流通広告，産業広告，専門広告は総称してビジネス広告，あるいはB to B（Business to Business）広告と呼ばれる。

【3】　広告媒体の種類

　広告の伝達手段を媒体と呼ぶ。媒体にはテレビやラジオ，新聞，雑誌といったマスコミ 4 媒体（マス 4 媒体）やインターネット広告媒体，そして交通広告

表 8-1 媒体別広告費（マス 4 媒体＋インターネット）：構成比の推移

	テレビ	新 聞	雑 誌	ラジオ	インターネット
2010 年	29.6%	11.0%	4.7%	2.2%	13.3%
2023 年	23.7%	4.8%	1.6%	1.6%	45.5%

（出所）　2010 年，2023 年の数値ともに株式会社 電通「日本の広告費」(https://www.dentsu.co.jp/knowledge/ad_cost/) を参照。

や屋外広告などの**プロモーションメディア**がある。それぞれの媒体は，費用，即時性，到達範囲，表現の質などの面において，長所と短所を兼ね備えている。また，朝日新聞や日本経済新聞，日本テレビや TBS ラジオといった媒体の銘柄のことを**媒体ビークル**と呼ぶ。

表 8-1 は，この 10 年あまりの媒体別（マス 4 媒体＋インターネット）広告構成比率を比較したものである。2010 年から 2023 年の 10 年強において，テレビ，新聞，雑誌，ラジオから構成される**マス 4 媒体**が総じて減少する中，インターネット広告が飛躍的な成長を遂げている。長きに渡り，広告市場を牽引してきたテレビは 2010 年の 29.6% から約 6% 減少し，新聞・雑誌・ラジオに至っては大幅な減少を見せている。

デジタル社会への転換を象徴するように，インターネット広告は日本の広告市場を牽引する存在へ急成長を遂げた。2010 年時点において，インターネット広告費は全体の 13.3% であり，これはテレビ広告費の半分の構成比であった。13 年後の 2023 年を見ると，インターネット広告費は 45.5% まで伸張し，2 位のテレビ広告費に大きな差をつけている。日本の広告市場は，2018 年まで長年にわたりテレビ広告が首位に君臨してきた。2019 年に初めて首位がインターネット広告に入れ替わり，日本の広告業界は大きな転換点となった。それからわずか 4 年で両者の差は倍近くにまで大きく開いた。

コミュニケーション活動としてのパブリシティ

パブリシティとは，企業などの組織が，自己の活動内容や最新トピックスに関する情報を新聞社やテレビ会社などの報道機関に提供し，報道（ニュース）

として伝達されるように働きかける活動を指す。競争が激しく，マーケティング・コミュニケーションの諸手段の予算に制約がある中で，企業は最も有効なコミュニケーション戦略を実行しなければならない。そのために，無料で報道機関に記事や番組に取り上げてもらえるパブリシティを活用することは非常に意義のあることである。

たとえば，レストランなども，その店がテレビ番組で紹介されたり，SNSでインフルエンサーに取り上げられたりすることにより，広告活動以上に消費者を引きつける効果がある。パブリシティの影響力は広告よりも勝っている場合があるので，企業は媒体に取り上げてもらえるような情報発信を継続的に行う必要がある。

しかし，パブリシティは必ず記事や番組で取り上げられるという保証がなく，取り上げられたとしても，その内容や放映・掲載される日時や場所などにスポンサーの意向は反映されない。この客観的評価こそが，パブリシティによる情報発信を広告以上の価値にするのである。それゆえ，普段から媒体の担当者との良好な人間関係を構築し，自社の意向に沿った情報発信を働きかける必要がある。

パブリシティ活動は，通常，ニュースリリースや記者会見などによる報道機関への情報提供，パーティーや企業・工場・現場への招待，報道機関の企画への協力などの活動が行われる。

コミュニケーション活動としての人的販売

「人的販売（personal selling）」とは，セールス・パーソン（sales person），すなわち販売員を媒体として行われるコミュニケーション活動を指す。人間が行うコミュニケーション活動であるため，顧客のニーズや状態などに合わせた説明活動や販売活動を展開することができ，柔軟性に富むという特徴がある。同時に，人間同士のコミュニケーションが図られるため，顧客との豊かな相互作用が期待でき，リレーションシップの構築にも威力を発揮する。

また，特定の顧客に向けた説得が必要である場合，不特定多数を対象とする広告と比べて無駄が少ない。したがって，産業財マーケティングや，住宅や自動車などの高額商品の販売においては，人的販売の有効性が高い。

さらに特筆すべき点は，販売活動ないしは受注活動を完結することができるということである。他のコミュニケーション手段が情報の伝達に留まるのに対し，人的販売はそれに留まることなく，販売や受注の完了にまで至ることができる。また，必要に応じて販売後の**アフターサービス**を行うこともでき，取引の継続性を高めることができる。

　人的販売の最大の欠点は，費用が高いことである。これは，販売員という従業員を抱えるためである。販売員が正規の従業員であれば，固定的な賃金コストが必要になる。そのため他のコミュニケーション手段と異なり，コミュニケーション活動の量やコストを自由に変化させることが困難である。

コミュニケーション活動としての販売促進

【1】　販売促進の概念と特徴

　「**販売促進**（sales promotion）」とは，ターゲットとなる消費者や取引業者に対し，直接購入を促進させるために用いる技法の総称である。顧客や見込み客が，より速く，より多く購買するように刺激するための多様なインセンティブ・ツールの集まりである。

　販売促進は，広告と異なり，通常社外の媒体を使わず，自社で管理する方法や道具を用いてコミュニケーション活動を行う。販売促進は反応の速さと強力さを特徴とし，広告と比べて即効性がある反面，効果が短期的であるといわれる。また販売促進は，特定商品に強いロイヤリティを持たない浮動層を捉える面に長けている。しかし，浮動層に対して自社製品に対するロイヤリティを構築させることは難しい。広告が購入の理由を提供するのに対し，販売促進は購入への誘因（incentive）を提供するものといえる。

　これまで販売促進は，広告や人的販売を補足するものと捉えられてきた。しかし，購買行動の多くが非計画的であったり，低関与商品には販売促進が有効であること，そして，ブランド数増加に伴う売場確保競争の激化や販売員が介在しないセルフ・サービス方式の普及などにより，近年では重要なコミュニケーション手段と位置づけられている。販売促進は消費者向け，流通業者向け，社内向けの3種類が存在する。ここでは，消費者向けに限定して，その種類を見ていく。

　消費者向け販売促進の目的は，3つに大別できる。非使用者の試用誘因，既使用者の使用量拡大，他ブランド使用者の誘因である。たとえば，オーデコロンを使っていない男性に対してオーデコロンを試用させたり（非使用者の試用誘因），既に使っている人に毎日使わせたり（既使用者の使用量拡大），あるいは，他社ブランドを使っている人に自社ブランドのオーデコロンを使用させる（他ブランド使用者の誘因）ことである。

　販売促進の手段には，試用を促すサンプリング，値引きを約束するクーポン，景品をつけるプレミアム，商品の内容量を増やす増量パック，現金を還付するキャッシュ・バックなどがある。これら諸手段のうち，クーポン，増量パック，キャッシュ・バックは価格主導型の販売促進であり，サンプリング，プレミアムは非価格主導型である。価格主導型は行動段階に働きかけるものであり，実売を直接的に促進するものといえる。これに対して非価格主導型は消費者の認知段階に働きかけるものであり，広告と連動させることによって一層効果的になる。

8.4　コミュニケーション・ミックスとブレンド

コミュニケーション・ミックス

　「コミュニケーション・ミックス（communication mix）」とは，コミュニケーションの目的を達成するためにコミュニケーション諸手段を最適な形で組み合わせることである。コミュニケーション・ミックスはマーケティング・コミュニケーションの目的に大きく依存している。

　たとえば，新製品を発売した直後はブランドの知名度を向上させることが主要目的となる。この場合には，広告を中心としたコミュニケーション・ミックスが効果的になるであろう。また，定番商品の場合には，人的販売によるターゲットの要求に応じた情報の伝達・説得活動を中心に考えたコミュニケーション・ミックスが効果的になる。このようにコミュニケーション・ミックスは，

製品のタイプやターゲットの特徴によって変化させる必要がある。

コミュニケーション・ミックスの決定

　コミュニケーション・ミックスは，利用可能な資金，市場の性質，商品の属性，競争他社の戦略，マーケティング・チャネルの現状などを考慮し，コミュニケーション諸手段の特徴と効果を把握して決定される。

　予算に応じてコミュニケーション・ミックスに含まれる諸手段の割合を決定することを「コミュニケーション・ブレンド（communication blend）」という。マーケティング・コミュニケーションに伴う費用は，そのほとんどが広告に費やされていると考えられがちであるが，卸売業者や産業用使用者に対してのコミュニケーション活動では人的販売に対して多くの費用が使われる。さらに，来店機会を増やすためのコミュニケーションやEC サイトで購入率や客単価を上げて売上向上を目指す場合では販売促進の重要性が相対的に高くなっている。

プッシュ戦略とプル戦略

　前述したように，コミュニケーション・ミックスは製品のタイプやターゲットの特徴によって変化させる必要がある。その際，考慮すべき戦略が「プッシュ戦略（push strategy）」と「プル戦略（pull strategy）」である（図8-2）。

　プッシュ戦略は，人的販売を中心に，流通チャネルへのコミュニケーションを通して卸売段階，小売段階，さらに消費者段階へと製品を売り込んでいく戦略である。このために流通チャネルの行動をいかにコントロールするかが重要になる。

　またプル戦略は，広告を通じて最終消費者に自社製品の差別的優位性とブランドを積極的に訴え，消費者の指名購買を導き，それをもとにして流通チャネルによる取り扱いを確保することに重点を置いた戦略である。

　注意すべきことは，プッシュ戦略が広告を一切行わないとか，プル戦略が流通チャネルに対する販売促進を行わないということではない。プッシュ・プル双方の戦略をバランス良くミックスさせ，実行することが必要なのである。

　プッシュ戦略とプル戦略を規定する要因は，一般的には消費者がどこで購買

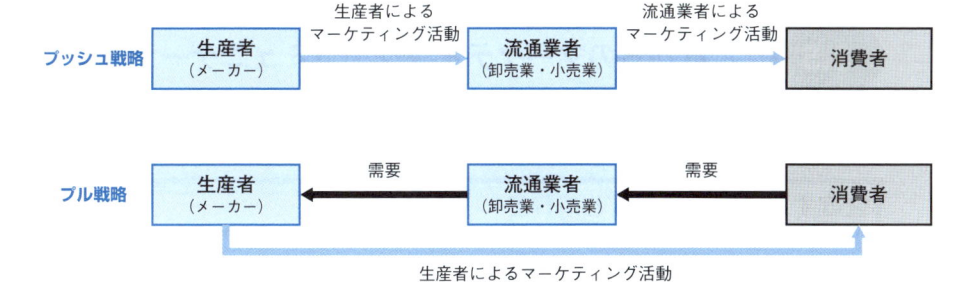

図 8-2　プッシュ戦略とプル戦略

（出所）　Kotler, P. and G. Armstrong（2010），*Principles of Marketing*（13th ed.），Prentice Hall, p.418.

決定をするかに依存している。たとえば，消費者が小売店の店頭において販売員の説明や推奨によって購買決定をしているのであれば，プッシュ戦略が有効であろう。他方，テレビの CM などによって，消費者が小売店を訪れる前に購買ブランドを決めている場合には，プル戦略の有効性を支持できよう。しかしながら，私たちの日常の購買行動は，必ずしも計画購買ばかりではない。スーパーなどでは，店頭において陳列された商品の中から購買を決定する**非計画購買**を行うことが多い。そのため，購買の際に消費者が事前情報を多く所有し，判断力が高い場合にはプル戦略が有効になり，逆の場合にはプッシュ戦略が有効になると考えられる。

　このように，プロモーション戦略は消費者の購買行動と密接に関連しており，プロモーション戦略を成功に導くためには顧客となる消費者や使用者の十分な理解を欠かすことはできない。

変容するメディア環境と消費者

　スマートフォンが普及し，Instagram や X，Facebook に代表される「ソーシャル・ネットワーキング・サービス（social networking service：SNS）」が身近になった。多くの人々がこれらのメディアを介して，日常的なコミュニケーションから情報収集や情報発信，そして情報検索までもを行うようになっている。

　このようなメディア環境の変化に伴い，消費者が日々接触する情報量は飛躍的に増加した。情報が氾濫する現代社会において，消費者は情報バリアとも呼ばれる自分に必要な情報を取捨選択する傾向を強めている。自分には関係（興味）あるか／ないか，を瞬時に見分けて，関係ないと思った情報は即座に遮断してしまう。このような消費者の行動により，企業が発信する情報やコミュニケーションは消費者や見込み客に届きにくい時代になっているのである。

　インターネットは，伝統的なメディアと異なり，利用者の情報要求に基づく自発的な探索行動ないし閲覧行動を伴うものである。もはや，必ずしも企業側が発信する広告をはじめとするマーケティング・コミュニケーションに依存しなくとも，自分に興味のある商品や企業の情報を容易にかつ効率的に入手することを可能にしている。

　企業・ブランドと消費者との接点をコンタクト・ポイントと呼ぶが，これからのマーケティング・コミュニケーションは，多様化するコンタクト・ポイントの最適な組合せやタイミングを見つけ出すことが重要な戦略課題となる。そこでは，消費者あるいは見込み顧客に対して，企業やブランドの存在そのものに対する認識をはじめとする商品の情報をどのようにして届けるか，あるいはイメージの形成をどのように図っていくか，従来以上に戦略的な取り組みが求められる。

新たな広告の可能性を拓く Web・SNS 広告

　従来，企業はマスメディアの広告を活用することで，不特定多数の人にアプローチするプロモーションに力を入れてきた。マスメディアは老若男女を問わず広くメッセージを届かせる力のあるメディアである一方で，伝えたい人に届いているのか，実際の購買に繋がっているのか，など広告の効果としては見えにくい側面があった。

　一方，インターネットを活用した Web 広告（**表8-3**）は，マスメディアの広告と比較して以下を始めとする優位点がある。

・細かなターゲティングが可能
・広告効果の測定・検証が可能
・低額の広告費で配信が可能
・スピーディな広告掲載が可能
・施策を柔軟に修正することが可能（クリエイティブ要素やターゲットの変更等）

表8-3　Web 広告の代表的種類と特徴

種　類	特　徴
検索連動型広告	検索したキーワードに連動して表示される広告
ディスプレイ広告	Web サイトやアプリ上にテキスト形式やバナー形式で表示される広告
動画広告	Web サイトやアプリ上に表示される動画形式の広告
SNS 広告	SNS 上に表示される動画形式を中心とした広告
ターゲティング広告	ユーザーの属性やネット上での行動・購買履歴等から，各々に適した内容を配信する広告
リターゲティング広告	自社サイトに訪れたユーザーを追跡して，他のサイトを閲覧中に配信する広告
アフィリエイト広告	成果報酬型の広告で，広告主が設定した成果（会員登録や資料請求，契約，購入など）が発生した際に，その成果に対して報酬を支払う広告

（出所）　宮下雄治（2023）『新時代のマーケティング―デジタル経済を動かすキーワード―』八千代出版，p.81 を一部修正。

さらに，Web広告の一種である **SNS広告**（SNSを用いた広告）をうまく活用すれば，従来のマスメディアを用いた広告，さらには検索連動型広告やディスプレイ広告以上の広告効果をより低予算で実現できることが期待される。たとえば，SNSが持つ拡散力の強さを利用し，ユーザーへの認知を広めて集客力や販売力を高めたり，ストーリー性を持たせたクリエイティブでブランド理解や共感を獲得してファンを育成することを可能にする。また，SNS広告は広告メニューが豊富で，企業のマーケティング課題や目標に適した広告を展開できることも広告主にとっては魅力的である。そしてSNS広告は，一般的には「運用型広告」の形式をとり，他の種類の広告よりも細やかな運用ができる。一律で内容や予算を決めるのではなく，日々の広告効果を検証しながら，柔軟に配信ペースやクリエイティブ要素の改善・修正を行うことができるのも特徴である。

IMC の戦略的活用

コミュニケーションの伝統的な4手段をはじめ，企業が展開する様々なコミュニケーション手段の統合を志向する考え方は，「**IMC**（Integrated Marketing Communication：**統合マーケティング・コミュニケーション**）」と呼ばれる。IMCの思想は2つにまとめられる。一つはコミュニケーション手段を伝統的な4手段から，顧客と接する全てに拡張しようということである。すなわち，商品そのものや，価格，小売店の雰囲気といったものまでも，コミュニケーションの手段として認識しようという考えである。

いま一つは，全てのコミュニケーション活動に一貫性を持たせようというものである。つまり，コミュニケーション手段を単にうまく組み合わせるだけでなく，その内容を統一感のあるものにしようということである。アメリカの広告研究家であるシンプ（T. A. Shimp）はこれらをまとめて，全てのマーケティング・ミックス要素はコミュニケーションの装置であるし，それらはみな1つの声として語られなくてはならないと述べている。

上で述べたように，コンタクト・ポイントとコミュニケーション手法の多様化は著しく，今後もこの傾向は続いていくであろう。このようなコミュニケーション環境の中，IMCの重要性が改めて認識されている。これからのマーケ

ティング・コミュニケーションには，顧客とのコンタクト・ポイントを増やす努力と，全てのコンタクト・ポイントにおけるコミュニケーション活動の統合化，整合化を図ることで訴求力を高めていく努力が求められる。このような異なる複数の顧客接点を効率的・効果的に連携させて顧客にアプローチする取り組みを，最近では「オムニ・チャネル」と呼び，これの効果的な展開により，企業・ブランドと顧客との良好かつ長期的な関係を構築する方向に関心が向けられている。

　このように，企業が展開するマーケティング・コミュニケーションの様相は，メディア環境と消費者行動の変容により大きく変化しており，今後も様々な変化と工夫が見られるであろう。あらゆるコミュニケーション手段とコンタクト・ポイントを統合的に，そして有機的に結びつけることの重要性が今後のマーケティング・コミュニケーションでは一層高まるであろう。

《参考文献》

有馬賢治・岩本俊彦・小宮路雅博編著（1998），『バリュー・クリエイション・マーケティング』税務経理協会。

亀井昭宏・ルディー和子編著（2009），『新マーケティング・コミュニケーション戦略論』日本経済新聞出版社。

柏木重秋編著（1998），『マーケティング・コミュニケーション』同文舘出版。

Kotler, Philip and Gary Armstrong (2010), *Principles of Marketing* (13th ed.), Prentice Hall.

McCarthy, Edmund J. and William D. Perreault Jr. (1987), *Basic Marketing*, Irwin.

三浦俊彦（1995），「コミュニケーション戦略」日本マーケティング協会編『マーケティング・ベーシックス―基礎理論からその応用実践に向けて―』同文舘出版，161-186。

宮澤永光（1995），『基本マーケティング』白桃書房。

大友純（2001），「マーケティング・コミュニケーションの戦略課題とその本質―プロモーション戦略の求心的要因を求めて―」『明大商学論叢』83（1），205-231。

清水英夫・林伸郎・武市英雄・川中康弘（1982），『マス・コミュニケーション概論』学陽書房。

清水公一（1997），『広告の理論と戦略［第6版］』創成社。

宮下雄治（2023），『新時代のマーケティング―デジタル経済を動かすキーワード―』八千代出版。

Shimp, Terence A.（1993）, *Promotion Management & Marketing Communications*（19th ed.）, Dryden Press.

和田充夫・恩蔵直人・三浦俊彦（1996），『マーケティング戦略』有斐閣。

《参考資料》

電通「2014 年 日本の広告費」（2015 年 2 月 24 日ニュースリリース）。

電通「2023 年 日本の広告費」（2024 年 2 月 27 日プレスリリース）。

9 マーケティング・チャネル

9.1 中間業者の役割

マーケティング・チャネルとは

5章で解説したように，流通活動は 4Ps の一つ（Place）であり，他のマーケティング・ミックス要素と同様，自社の競争優位を構築するための手段である。その対象範囲は，製品の生産から最終消費者に至るまでの商品の全体的な流通過程に及ぶ。

自社製品を最終消費者のもとに流通させるために構築する経路を**マーケティング・チャネル**という。マーケティング・チャネルを構成する主なプレイヤーは，製造業者（M：maker），卸売業者（W：wholesaler），小売業者（R：retailer），そして消費者（C：consumer）である。

ここで考えるべきは，卸売業者など流通業者の存在意義についてである。製造業者は消費者が欲する製品を生産する。また小売業者は販売の得意でない製造業者に代わって消費者に製品を届ける。消費者も製品を購入することで小売業者や製造業者に代金というかたちの利益を還元する。では卸売業者にはどのような存在価値があるのだろうか。卸売業者が存在することで中間マージンが発生することになり，これは最終的に製品価格に上乗せされることになる。それを考えると製品を製造するわけでも，消費者に販売するわけでもない卸売業者の過程を省くことで，製品価格を下げられないのかという議論が生まれてく

ることになる。

中間業者の存在意義

　卸売業者を排除しても流通チャネルが構築できないわけではない。現にいくつかの小売業者は製造業者から直接買いつけ，店頭に並べることで中間マージンを排し，低価格化を実現している。たとえば「UNIQLO」（ユニクロ）を展開するファースト・リテイリングは SPA（Specialty store retailer of Private label Apparel：アパレル製造小売り企業）のビジネスモデルを確立して，自ら作り自ら販売している。

　しかしこのような事業形態を採用している企業は全体から見るとごく少数で，現実的には大多数の製造業者が流通業者に依頼して自社商品を消費者に届けている。それは流通業者に社会的な存在意義があるからなのである。結論から述べると，**図9-1** が示すように流通チャネルに卸売業者が入ったほうが市場全体としての取引総数が減少し，様々な社会的コストの削減が実現できるのである。

　左側の図は，製造業者の総数と小売業者の総数がそれぞれ3社ずつ存在した場合に生じる取引の総数を表したものである。M1（製造業者1）は，全ての小売店に自社製品を置いてもらうために，R1（小売業者1）から R3（小売業者3）にまで商品を届ける物流網を確保し，それぞれの流通業者と交渉するた

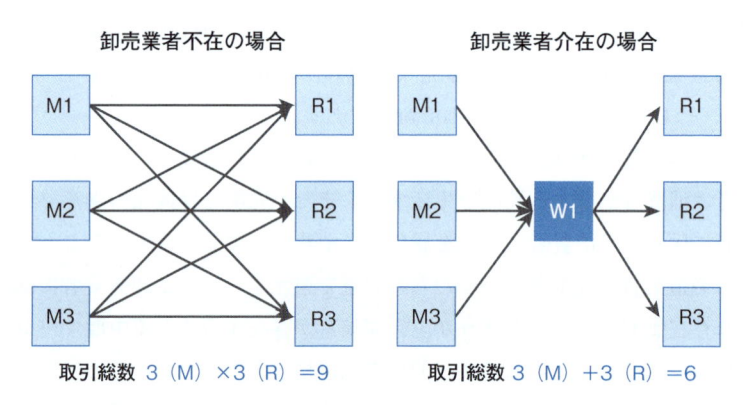

卸売業者不在の場合 　　　　　　卸売業者介在の場合

取引総数 3（M）×3（R）＝9 　　　取引総数 3（M）＋3（R）＝6

（注）　M：製造業者，W：卸売業者，R：小売業者

図9-1　卸売業者の介在による取引総数の低減

めのセールス・パーソンを配置し，それぞれの業者と個別の納入や支払いに対する契約を結ぶ必要が生じる。その全ての処理には物理的な作業コストが発生することになる。そして市場には M2（製造業者2）も M3（製造業者3）も存在するため，彼らが個別に全小売業者と取引をすることで市場全体に発生する取引総数は9回にのぼる。

　一方，右の図は卸売業者が1社介在する場合の市場における取引総数を表現している。こちらは M1（製造業者1）から M3（製造業者3）までが中間業者 W1（卸売業者1）に自社製品を納入することで，各社の取引回数が1回で済むことになる。そして W1（卸売業者1）はそこから新たに全小売業者（R1〜R3）までに製品を届ける取引を行う。これで製造業者と小売業者は取引の数が3回から1回に減少することになる。その分卸売業者の取引3回分が増加することにはなるが，市場全体に発生する取引総数は6回で済むことになる。

　総務省・経済産業省が我が国の経済活動を把握するために2021年に行った「経済センサス」調査の結果によると，民間事業所数は516万事業所である。世の中に卸売業者が存在せず，全ての事業者同士が直接取引すると仮定した場合の取引総数は想像を絶するものになる。

　取引が発生する場所にはその数だけ契約の形態が存在することになる。そしてその契約ごとに支払い条件などを定め，請求書類の伝票が存在する。営業担当者も置かなければならない。取引の数が増えるということは，このような様々なコストが発生するということでもある。市場全体の取引総数をできるだけ減らし，効率的に事業を運営していくためには，取引に関わるコストをできるだけ削減するほうが各企業も自らの事業に専念でき都合が良いのである。

流通のプロセスにおけるギャップの解消

　小売業者も含めた流通業者が存在するもう一つの意義として，小川が指摘する流通過程のプロセスに存在する3つのギャップの解消がある。流通プロセスの川上に存在する製造業者と川下に存在する消費者の間には，**表9-1**のようなギャップが存在している。

　1つめのギャップは「時間のギャップ」である。一般的に製造業者が製品を製造する時期と，消費者が購入し消費する時期にはギャップが存在している。

表9-1 流通のプロセスにおける3つのギャップ

	ギャップの種類
1	時間のギャップ
2	場所のギャップ
3	形態のギャップ

(出所) 小川孔輔（2009），『マーケティング入門』日本経済新聞出版社，第14章チャネル政策（1），p.535の図表14.1をもとに作成。

クリスマスケーキなどの時期を考えれば理解が早い。消費者がケーキを購入するのはクリスマスイブかクリスマス当日である。しかし製造業は当日製造するだけでは生産量が追いつかないため，事前に大量に生産しておくことになる。流通業者は自社の保冷庫などにケーキを在庫し，このギャップを埋めている。

　2つめのギャップは「場所のギャップ」である。これは製造業者が生産する地点と消費者の消費地点に関するギャップである。工場には敷地が広く土地代が安い地域が求められるが，消費者が生活しているのはそれとは別の地域である。この地域の差を輸送という手段で埋めるのも流通業者の役割である。

　最後が「形態のギャップ」である。製造業者は製造コストを下げるためにも大量に生産し大量に購入してもらうのが望みである。しかし消費者は家の保管スペースに限りがあるため，少量ずつ購入したいと思っている。そこを流通業者が製造業者から大量に買いつけ，小分けにして各小売店舗に配送することでこのギャップを解消しているのである。

社会経済的な分業システム

　中間業者が存在しなかった場合，確かに中間マージンがかからないことになる。しかし事態は単純ではない。製造業者は「規模の経済性」を発揮し，製造コストを下げる努力をする。そして「範囲の経済性」を意識し，できるだけ広域で製品を販売しようとする。基本的に企業は売上確保のため，日本全国へ広く製品を行き渡らせることを目指して活動している。その際，製造業者が自らトラックを手配して北海道から沖縄の離島まで製品を届け，そのコストを製品

に上乗せしたらどうなるだろうか。結果的に割高な価格になってしまうことは想像に難くない。

　これは経済全体の中で流通チャネルを捉えることで，さらにその存在意義を理解することができる。たとえば，私たちが日常口にしているうどんやラーメンを例にとって考えてみよう。うどんやラーメンは麺やスープ，野菜や肉類などの様々な材料から作られている。食品会社がこれらの材料を全て，流通業者を通さずに自ら調達することを想像してみてほしい。野菜や肉は直接畜産農家へ行けばよいが，小麦粉の国内の自給率はわずか15%，大半が国外産小麦粉を使用しているのが現状だ。現在小麦粉の輸入先最大手はアメリカであるため，流通業者が存在しない場合，食品製造業者はうどんやラーメンを製造するためにアメリカまで材料の調達に行かなければならない。このようにして作られるうどんやラーメンは非常に高価な料理になってしまうであろう。

　私たちが日々購入している製品のほとんどは，社会的な分業システムによって生産されている。全ての製品は最終的なメーカーだけで生産しているのではなく，多くの流通業者が介在し，結果的に最も効率的な流れの中で生産されているのである。もし中間流通のコストが高くなれば，最終的に私たち消費者の購入価格も高額にならざるを得ないのである。結果的に企業が得意な分野に特化することで社会的分業が進み，経済が発展することになる。その前提として流通機構の整備は不可欠なのである。

9.2　ロジスティクス

ロジスティクスの概念

　「ロジスティクス（logistics）」とは，原材料の調達から始まり，製造，保管，販売，消費そして廃棄までのサイクルにおいて，物の流れを効率化の視点でマネジメントすることである。

　流通チャネルとロジスティクスは同義とみなされる場合もあるが，厳密にはこの2つの概念は異なっている。ロジスティクスは，物理的な物の流れを中心

とした概念であるが，流通チャネルは製品を最終消費者にアクセスさせるための，マーケティング・ミックスの一要因と考える。他の4P要素である製品戦略，価格戦略，販売促進戦略を遂行するためのチャネルと捉えているのである。

ロジスティクス誕生の背景

物流とは物を必要とされる場所へ移動させる流れを意味するが，これは工場が原材料を調達する際にも，製造した自社製品を保管しておく際にも，そして最終的に流通業者や小売店舗に配送する際にも発生するプロセスである。

これまではこれらのプロセスは担当部署ごとに別々に考えられていた。すなわち，原材料の調達は本社の購買部門が担当し，工場内での製造に関しては生産管理部門が，そして製品在庫の保管や小売店舗への発送プロセスになると営業部門や製品管理部門が担当することが多かった。企業の規模が小さい場合にはそれでも問題はなかったかもしれない。しかし製品の数や種類が増え，これら物流に関わるコストが膨大になると，もっと物流システム全体を見渡すことで全体的なコストダウンが実現できるのではないかという発想が生まれるようになった。ロジスティクスの誕生には，このような発想が背景に存在している（**図9-2**）。

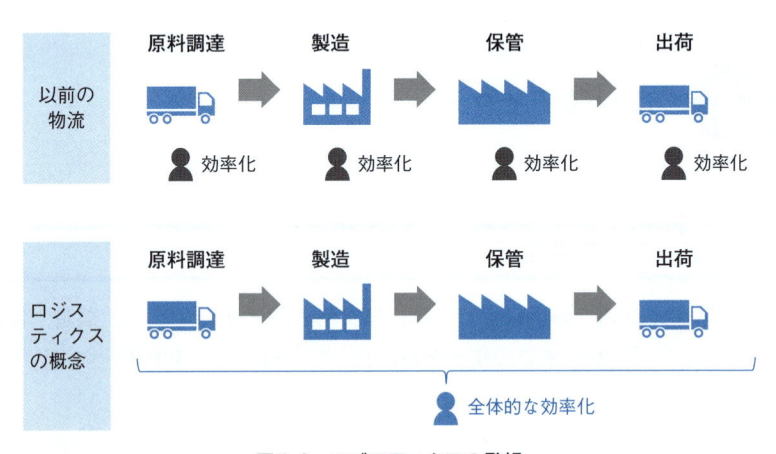

図9-2　ロジスティクスの発想

ロジスティクスの目的

ロジスティクスの目的は，企業全体で物の流れを効率的に考え，製品が消費者に届くまでのプロセスを合理化して考えることである。そのためには，原材料の調達から製造，保管，出荷，そしてそれらの情報管理に至るまで，あらゆる部門を超えた視点を持ってのマネジメントが必須になる。ロジスティクスの最終目的は，物流における全体最適を実現させることである。旧来のように独自部門の効率化やコストダウンだけを考えていては部分最適に留まり，結果的に他の部署の生産性を下げることにもなりかねないのである。

例をあげて考えてみよう。原材料を調達する部門にとって円高は歓迎すべき機会である。海外からの材料を円高のうちに調達できれば，大幅な製造コストのダウンが期待できる。当然，彼らの部署としての目標は仕入原価の低減にある。しかしこの部署だけのことを考えて，この時期に原材料の大量発注をして，全体的なロジスティクスに良い効果を与えるのだろうか。もし同じ時期に，他の売れ筋商品が製造ラインを占めていたらこの原材料の保管コストが余計にかかることになる。また，この製品が日本においてはプロダクト・ライフ・サイクルの衰退期に入っており，今後大きな売上増加が見込めそうにないという状況であれば，作った製品在庫を廃棄するという決断をしなければならない状況におちいるかもしれない。

同じような内容の状況決断は工場においても，保管倉庫においても迫られる可能性がある。それぞれの部署が独自の数値目標を持っているからこそ，全体最適といいながらなかなか実現が難しい状況がここにある。工場は製造ラインの稼働率を上げることを求められる。仮に消費者からのクレームの発生などである製造ラインが休止した場合，工場は必死にその穴を埋めるべく他の物を製造することを考えるであろう。また，外部に保管倉庫を借りている部門であれば，倉庫オーナーから急に値上げを告げられたらどう判断するだろうか。保管コストを下げるために，保管スペースの縮小や他の倉庫への移転を検討するのではないだろうか。

しかしロジスティクスの発想で考えるということは，このように個別に効率化を考えるということではない。1つの部署の効率化が全体的な非効率化につながる可能性もあるからである。工場での追加生産は，次工程での予期せぬ保

管コストの発生を意味する。また，保管スペースの削減は，急なヒット商品の発生や製品在庫の増加に対応できず，結果的にさらに高額な外部倉庫と契約することにもなりかねない。

　近年ではインターネットを介したEC（Electronic Commerce：電子商取引）が急激に増加している。そこでは消費者が製品をディスプレイ上で確認し，支払いもカード決済で，現金の受け渡しが存在しないバーチャルな代金決済システムが運用されている。しかしこのような状況下であっても，消費者に製品を届けるというプロセスをバーチャルに行うことはできない。これがインターネットが主流の時代においても，「物流を制するものが市場を制する」といわれる所以なのである。

9.3　サプライ・チェーン・マネジメント

物流概念の拡大

　近年，物流は「サプライ・チェーン・マネジメント（supply chain management：SCM）」という広い概念で語られることが多くなってきた。背景には，物流の範囲が狭い地域から世界各国にまで広がり，インフラも広く整備され，ITによる情報システム網が張り巡らされることで効率を科学的に追求できる環境が整ったことがあげられる。先のロジスティクスの節でも述べたが，これまでのような個別の物流プロセスの中で考えるのではなく，流通網全体として考えることであらゆる利害関係者がメリットを享受できる仕組みが確立されたのである。

サプライ・チェーン・マネジメントとは

　サプライ・チェーン・マネジメントとは，必要とされる製品を，必要とされるときに，必要とされる分量だけ生産し，販売店や顧客へ流すための効率的な仕組みのことである。もっと簡潔に説明すると，商品を実際に売れる数量だけ

生産し，供給する仕組みのことである。メーカーと流通業者そして顧客とを鎖（chain）のように結合させ，製品を円滑に供給（supply）することからサプライ・チェーン・マネジメントと表現される。

これは具体的には顧客の需要を事前に正確に予測し，それを情報ネットワークにより瞬時に生産現場に伝え，過剰生産や在庫不足を回避する仕組みである。このようなところから，サプライ・チェーン・マネジメントでは，活動の開始は物流の概念で考えていたときよりも早くなる。これまでの物流の考えでは，活動の開始時点は自社に原材料や部品が入荷された時点であった。しかしサプライ・チェーン・マネジメントの概念では，活動開始時点は原材料や部品が入荷される以前にまでさかのぼる必要がある。場合によっては自社の供給業者のさらにその先の供給業者についても調べなければならないときもある。そこから完成品が最終消費者に渡る時点までが検討対象範囲になるのである。

このようにサプライ・チェーン・マネジメントは広範囲な業務範囲を持つが，この視点で全流通網の関係者が効率化を追求することで，最終的には彼ら全ての企業コスト低減が図れるのである。

9.4　チャネルの類型化

チャネル類型化の視点

これまで広く流通チャネルの概念について説明してきた。実は一言で流通チャネルといっても，業界や製品ごとに流通チャネルのタイプは大きく異なっているのが現実である。ここではチャネルのタイプについて解説を加えていく。

チャネルのタイプを考えるには，2つの視点が必要である。1つめの視点が，チャネルに介在する流通業者の数で見るチャネルの長さである。そして2つめの視点が，どこまで市場を広くカバーするかを見るチャネルの広さの概念である。このチャネルの広さとは，カバレッジ（coverage）ともいわれる（**図9–3**）。

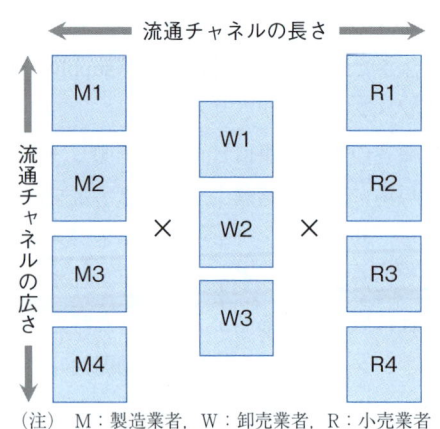

（注）　M：製造業者，W：卸売業者，R：小売業者

図9-3　流通チャネル類型化の視点

流通チャネルの長さ

　まずチャネルの長さであるが，これは製造業者から製品が消費者の手に届くまでに介在する流通業者の数によって示される。最も短いチャネルは，製造業者が直接消費者に製品を販売し届けるものであり，直販といわれる。このような流通業者の段階数がゼロであるチャネルを「ダイレクト・マーケティング・チャネル（direct marketing channel）」という。他方，流通業者が介在する流通チャネルを「インダイレクト・マーケティング・チャネル（indirect marketing channel）」という。

　介在する流通業者の数が一次卸，二次卸と増えることで，流通チャネルは長くなっていく（**図9-4**）。

　直販の例は，製造業者がカタログや自社ウェブサイトで販売したものを消費者が購入した場合にあてはまる。また製造業者と消費者の間に小売店が1つだけ介在する1段階チャネルの例として，自動車のディーラーなどがあげられる。トヨタ自動車のディーラーが扱うのはトヨタ車のみであり，日産やホンダの車は扱っていない。

　2段階チャネル，3段階チャネルの形態をとるのは，日用品製造業者などが多い。また同じ業界でも採用する流通戦略の違いで，長さのタイプが異なってくる場合がある。たとえばパソコン業界では，デルは直販型を採用しているが，

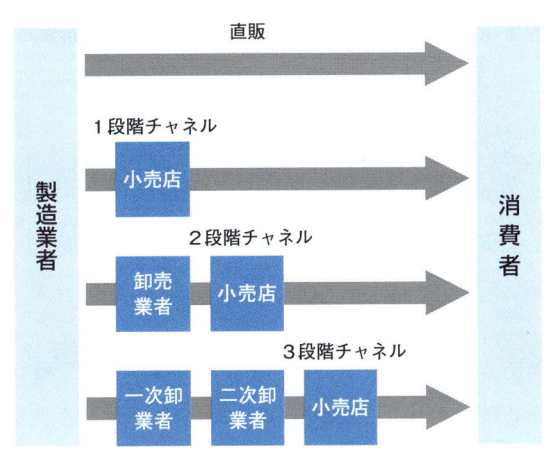

図9-4　流通チャネルの長さ

アップルはアップルストアを構え1段階チャネルを展開している。その他の日本の製造業者は多段階チャネルを採用し，広く家電量販店でパソコンを販売している。

　製造業者にとってみると，消費者との間に介在する流通業者の数が増えるほど，自社内在庫保管リスクは減少するが，反面市場でのコントロールが効きにくくなるマイナス面も持ち合わせている。

流通チャネルの広さ

　流通チャネルの広さは，どのくらいの市場を何社の流通業者とカバーするかによって示される。一次卸を1社通すのと10社通すのでは圧倒的に市場をカバーできる範囲（カバレッジ）が異なってくる。つまり，自社製品を取り扱う卸売業者や小売店の数とそれらの空間的広がりを捉えるものである（**図9-5**）。

　製造業者が販売先を限定せず，市場にできるだけ多くの商品を届けたいと考える場合，開放的チャネルを採用する。短期的に市場のカバレッジを高められるというメリットがある反面，コントロールがしにくいというデメリットも併せ持っている。食品や飲料，トイレタリー商品など最寄品製造業者はできるだけ多くの店舗で自社製品を取り扱ってほしいことから，このタイプのチャネルを採用する場合が多い。最寄品とは，ティッシュや石鹸などの日用雑貨のこと

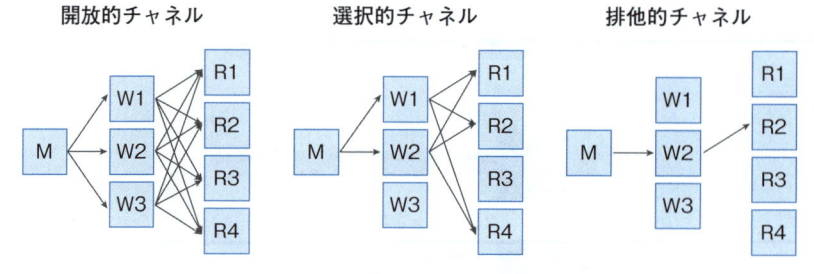

図9-5　流通チャネルの広さ

である。これらの特徴として製品自体に大きな差異がなく，競合品とのスペックを比較してから購入されることが少ないことがあげられる。よって製造業者側は消費者に必要性が発生した時点で自社製品が近くの店舗に置いてあることが重要になるのである。

また販売力や資金力，製造業者への協力度合いなど一定基準で選定した流通業者を通して製品を届けるのが選択的チャネルである。流通業者のコントロールが効きやすいメリットがある反面，市場カバレッジが狭くなるデメリットも存在している。化粧品製造業者などは，自社製品をきちんと説明して販売することができる百貨店などを選んで出店している場合が多い。百貨店では独自の販売コーナーを設け，そこで美容部員による対面のアドバイスとサンプリングをセットで販売することが，高額商品のイメージと価格帯を守る方法なのである。

最後のタイプが排他的チャネルである。これは競合品を取り扱わないことを条件に独占販売権を付与する流通チャネルである。メリットとして，市場でのコントロールが効くことがあげられる。ただし，カバレッジが非常に狭いことやチャネルの維持に高額な費用がかかるというデメリットが存在している。採用企業として自動車のディーラーや，新聞の取次店，店舗は持たず自社製品を宅配・販売するヤクルトレディなどがあげられる。

業界や製品特性により，採用される流通チャネルの広さはある程度似てくるが，同じ業界においても異なる広さのチャネルを採用する場合もある。これはどのように製品を価値づけ，どのような人に製品を届けるかの戦い方によるのである。たとえば同じ化粧品業界でも，DHCは広くコンビニエンス・ストアやスーパーなどへ製品を供給している。資生堂は自社の販売方法が維持できる

百貨店や，ドラッグストアを選定している。訪問販売方式を採用しているポーラは，「ポーラレディ」と呼ばれる販売員に製品の説明および販売を委託しているのである。

9.5 流通チャネルの課題と未来

流通チャネルの課題

流通チャネルはマーケティング・ミックスのうちの一つであるが，他の3つの戦略（製品戦略，価格戦略，プロモーション戦略）と性質上異なる点が存在している。それは協業なしには構築できない戦略であるということである。製品戦略，価格戦略，プロモーション戦略は製造業者がほとんどの部分を自ら決めたり，変更することが可能である。しかし流通戦略だけは，もともと製造業者は製造の専門家であるために，他社に依存する部分が大きい。戦略方針の策定は製造業者側でできても，その後のコントロールや変更は自社だけの都合では動かせないのが現実である。

家電業界の事例を見てみよう。パナソニック（旧松下電器産業）はかつてナショナル・ショップと呼ばれる系列小売店を組織していた（現在はパナソニック・ショップと改名）。その数は1950年代後半には約4万店にも及んだという。この数がどれほどのものか理解できるであろうか。現在では町中のいたるところにコンビニエンスストアがあるが，その中のトップであるセブンイレブンでさえ，店舗数は21,551店舗（2024年5月末現在）しかない。その倍近い店が存在していたのである。どのような小さな街にもナショナルショップは存在し，家が建つと電球から冷蔵庫，洗濯機，テレビまで家電製品一式を提供していたという。当時の環境にパナソニックの流通戦略が適合していたということになる。しかし時代とともにこの強みが弱みへとなっていく。世の中に家電量販店が台頭してきたのである。また各家電製造業者の品質レベルも拮抗し，日本製製造業者であればどこでも不安はないという状況になっていた（家電のコモディティ化）。こうなると人は安い家電量販店に流れることになる。パナソニッ

クはこの流れに取り残されていった。なぜなら家電量販店に商品を流すことは，ナショナルのお店の売上を奪うことを意味していたからである。後にナショナル・ショップをメンテナンスや家電の据え付け工事ができるプロショップとして生き残りを図る対策をとったが，市場変化の流れは止められなかった。長い年月をかけて築いた流通チャネルを自社だけの都合でやめることができなかった事例である。

オムニ・チャネル

　昔の流通チャネルは製造業者が自社製品を流通させ，消費者は自宅に近い小売店で商品を購入することが大半であった。これが**シングル・チャネル**である。時代がかわりIT技術やインターネット・インフラの整備が進み，消費者は新たなチャネルで買い物するようになった。自宅のパソコンから製造業者本社のウェブサイトで直接注文し，店舗を通さずに直接自宅に届けてもらうという直販チャネル方式での買い物である。消費者は自分の都合の良い複数のチャネルから購入方法や入手方法を選択できるため，**マルチ・チャネル**と呼ばれている。この状態がさらに進み，チャネル間で在庫や顧客のデータを共有化することでクロス・チャネルが実現する。そしてさらにITインフラの整備が進み，スマートフォンやタブレットの普及率が高まることで，消費者側の選択肢はかなり

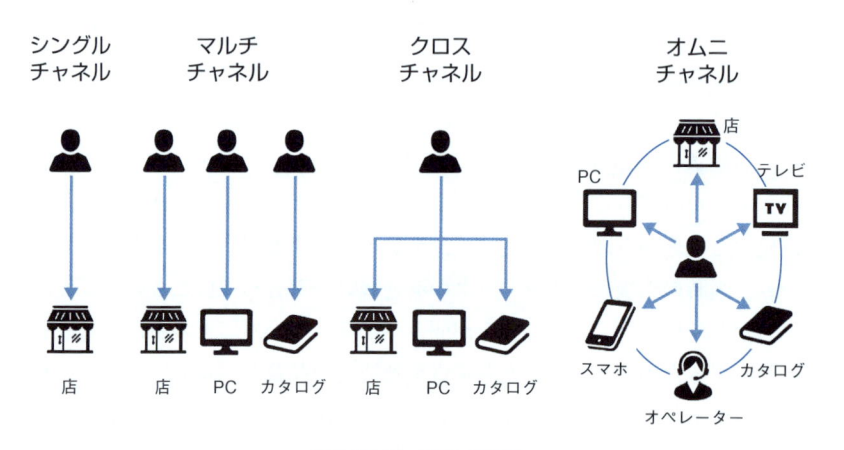

図9-6　チャネルの形態

幅広いものになってきた。これが「**オムニ・チャネル**（omni channel）」と呼ばれるものである。

　オムニ・チャネルとは，実店舗やオンラインストアなどあらゆる流通チャネルを統合することで，どのような販売チャネルからも同じように製品を購入できる環境を実現することである。セブンイレブンやイトーヨーカ堂，ロフト，西武などを傘下に持つセブン＆アイ・グループでは，グループ店舗やネット上で注文を受け，それを他のグループ店舗で受け取るなどのサービスを展開しようとしている（**図9-6**）。

　製品を製造し消費者のところまで運ぶというのが流通チャネルの基本であるが，インフラの整備や消費者の購買意識の変化により，実は最も激しい進化を遂げているのが流通チャネルであることも事実なのである。

《参考文献》

亀川雅人・有馬賢治（2000），『入門マーケティング』新世社。

Kotler, Philip（2003），*Marketing Management*（11th ed.），Prentice Hall.

P. コトラー・G. アームストロング，恩藏直人監修・月谷真紀訳（2014），『コトラーのマーケティング入門［第4版］』丸善出版。

P. コトラー・K. ケラー，恩藏直人監修・月谷真紀訳（2014），『コトラー＆ケラーのマーケティング・マネジメント［第12版］』丸善出版。

小川孔輔（2009），『マーケティング入門』日本経済新聞出版社。

下谷政弘（1998），『松下グループの歴史と構造—分権・統合の変遷史—』有斐閣。

田中洋（2014），『1ワード3分でわかる！ 基本から最新まで マーケティング キーワード ベスト50』ユーキャン自由国民社。

和田充夫・恩藏直人・三浦俊彦（2012），『マーケティング戦略［第4版］』有斐閣。

《参考資料》

製粉協会ウェブサイト（参照 2024.5.20）

　〈https://seifunky.jp/index.html#mission〉

ネットショップ担当者フォーラム（2014）『セブン＆アイグループのオムニチャネル戦略が描く，異業態連携による "新たな買い物体験"』（参照 2015.8.17）

　〈https://netshop.impress.co.jp/node/1301〉

セブン-イレブンウェブサイト（参照 2024.5.20）

　〈https://www.sej.co.jp/company/tenpo.html〉

総務省・経済産業省（2023）令和 3 年経済センサス―活動調査―

（https://www.stat.go.jp/info/today/pdf/195.pdf（参照：2024.5.20））

10 プライシング

10.1 価格とは

価格とマーケティング

　本章では，製品の価格設定である「プライシング（pricing）」について解説する。

　まず，基本的な確認を行うと，売り手は買い手に対して提供物（offering）としての製品を提供し，買い手より対価を受け取る。その対価の金額が価格である。取引においては，売り手と買い手が交渉によって価格を決定する場合や，入札などのように買い手の側で価格を提示する場合があるが，多くの製品取引においては，製品取引に先立って，あらかじめ売り手である企業によって価格が決定され，買い手である顧客に提示されることが一般的である。

　マーケティング・ミックスの4Psの一つである「価格」は，マーケティング目標を受け，他のマーケティング・ミックス，すなわち，製品，場所（流通チャネル），プロモーションと整合するように決定・調整されなければならない。

　企業にとって，価格は売上高を構成し，利益の獲得に直接的に結びついているため，価格に関する意思決定は非常に重要である。

マーケティング目標と価格設定

　価格は，企業のマーケティング目標，あるいは全体的目標を受けて，それらと矛盾がないように決定される必要がある。価格決定にとって重要なマーケティング目標としては以下のようなものがある。

① 利益の最大化

② 市場シェアの上昇

③ 資金流入の確保

④ 品質イメージの向上

　価格は売上高を構成し（売上高＝価格×販売数量），売上高から費用を減じたものが利益となるため（利益＝売上高－費用），利益の最大化は価格戦略にとって非常に重要な目標であり，通常は顧客の支払能力の許す範囲で高価格化を図ろうとする。

　市場シェアの上昇は売上高を伸ばすことを通じて達成され，しばしば低価格化によってもたらされる。

　資金流入の確保は資金繰りの状況に対応して設定される目標であり，新製品導入時などに設定される。利益を犠牲にした低価格化を価格決定の基本とする場合がある。

　顧客である消費者が価格を手がかりとして製品の品質を推し量るような場合，品質イメージの向上目標を達成するため，高価格化を価格決定の基本とする場合がある。

価格の種類

　売り手により製造，または仕入れられた提供物は，買い手に提供される。価格は，売り手の立場により以下に分類することができる。

① 生産者価格

② 卸売価格

③ 小売価格

　生産者価格とは，製造業者が生産した提供物を製造業者または流通業者（卸売業者，小売業者）に販売するときの価格である。卸売価格とは，主として卸

売業者が自ら仕入れた製品を卸売業者または小売業者に販売するときの価格である。小売価格とは，主として小売業者が自ら仕入れた製品を最終消費者に販売する価格である。

企業にとって，価格は売上高を構成し，利益の獲得に直接的に結びついているため，価格に関する意思決定は非常に重要である。また，現在，わが国の消費者の価格に対する意識の高まり，さらには独占禁止法などの法規制に対する関心の高まりなどからしても重要度は増してきている。

小売価格については小売業者が主導権と責任を持つのが本来的であるが，製造業者は，顧客志向の観点から他のマーケティング・ミックスと同様，顧客である消費者に直接提示される価格にも責任を持つべきであるとして希望小売価格を決定し，小売業者に従うよう働きかけることが多かった。

ただし，製造業者が小売業者に対して希望小売価格に従うよう働きかけることは，小売業者の価格競争を阻害し，独占禁止法によって原則禁止されている再販売価格の拘束に該当するおそれがある。小売業者などに自社商品の販売価格を指示し，これを守らせることを再販売価格維持行為という。再販売価格維持行為は，競争手段の重要な要素である価格を拘束するため，原則として禁止されている。

また，指定した価格で販売させるために，これに従わない小売業者に経済上の不利益を課し，出荷を停止することも禁じられている。ただし，著作物（書籍，雑誌，新聞，音楽用 CD，音楽テープおよびレコード盤の 6 品目）については，例外的に独占禁止法の適用が除外されており，これを著作物再販適用除外制度という。なお，再販売価格維持行為については，米国や EU などにおいても，競争法のもとで厳しく規制されている。

わが国においても，独占禁止法の運用が強化された近年は，製造業者が希望小売価格を小売業者に従うよう働きかけることは避けられ，さらには，希望小売価格さえ提示されず，小売業者の自由な価格決定に委ねる「オープン価格（open price）」の動きが広まっている。

10.2 企業の利益

価格の構成

　価格の設定は，マーケティング意思決定において，最も重要な事項の一つである。なぜなら，価格の設定は利益に直結するからである。利益を最大化し，企業価値を高めることが企業の目的である以上，これと整合的な価格に関する意思決定が必要である。

　前述のように，利益は，売上高－費用で計算され，売上高は，価格×販売数量で求められる。それゆえ，企業が目標利益を達成するには売上高を最大化するか費用を最小化しなければならない。

　価格は，以下の項目から構成される（**図10-1**）。

① **製造原価**＝原材料費＋労務費＋各種経費
② **仕入原価**＝仕入価格＋仕入関連経費（運賃・保険料・梱包費など）
③ **営業費**＝一般管理費＋販売費
④ **販売原価**＝製造原価または仕入原価＋営業費

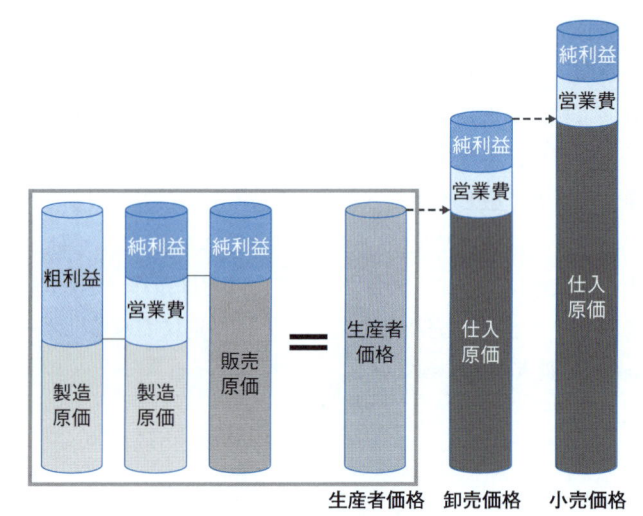

図10-1　価格の構成

⑤ **粗利益**＝価格－製造原価または仕入原価

⑥ **純利益**＝粗利益－営業費

　価格は，製造業者であれば製造原価を，卸売業者や小売業者のような流通業者であれば仕入原価を上回ることが前提である。しかしながら，実際の価格設定に関しては，製造原価や仕入原価に，単に一定の費用や利益を加えるだけではなく，消費者の値ごろ感といった消費者の価値評価，競合動向，需要予測なども考慮され決定されなければならない。

10.3　価格の決定

　価格の決定方法には大きく分けて，**費用重視型の価格決定方法**，**需要重視型の価格決定方法**，**競争重視型の価格決定方法**がある。本節ではそれらについて解説する（**図 10–2**）。

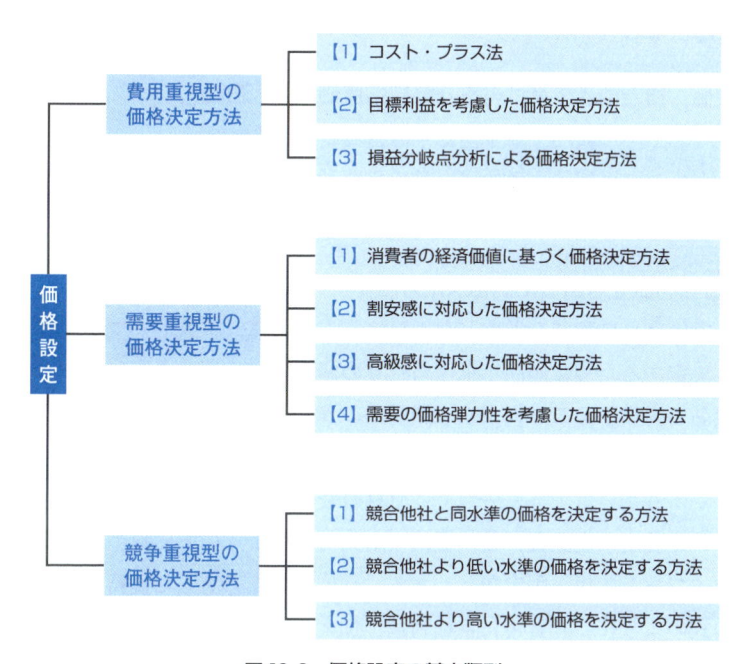

図 10–2　価格設定の基本類型

様々な価格決定方法が費用重視型に含まれるが，ここでは主要なものと考えられる，**コスト・プラス法**，**目標利益を考慮した価格決定方法**，**損益分岐点分析による価格決定方法**を説明する。

【1】　コスト・プラス法

費用重視型において，最も利用しやすい価格設定法がコスト・プラス法である。コスト・プラス法においては，下の式のように，**製品1単位を提供することにかかる諸費用を算出して加算し，さらに，獲得しようとする利益を加算して価格が決められる。**

小売業などでは，製品の販売価格から仕入原価を減じたものを**値入**（ねいれ），あるいは「**マークアップ（mark-up）**」と呼び，あらかじめ**値入率**を決めておいて，仕入原価に加算して価格を決定する方法がとられることが多い。これなどもコスト・プラス法に含められる。コスト・プラス法の計算式は，以下の通りである。

> 価　格＝製品1単位当たりの製造原価（仕入原価）
> 　　　　＋製品1単位当たりの営業費用
> 　　　　＋製品1単位当たりの目標利益

【2】　目標利益を考慮した価格決定方法

ここでいう目標利益を考慮した価格決定方法とは，コスト・プラス法と同様，価格を決定するために製品1単位当たりの諸費用に目標とする利益を加算するが，製品を提供することにかかる諸費用のうち，販売数量に応じて変化する費用が存在することを勘案して，価格を決定する方法である。製品を提供することにかかる費用には大きく分けて，**原材料費のように販売量の増加に伴って増加していく費用（変動費）**と，**機械の購入支出のように販売量の増減に関係なく固定的である費用（固定費）**がある。目標利益を考慮した価格決定方法は，以下の式のように，総費用に目標利益を加えたものとイコールになる総収入を予定する。総収入は価格×販売数量であり，総費用に固定費と変動費の存在を

考えると，価格は製品1単位当たりの固定費に，製品1単位当たりの目標利益，および製品1単位当たりの変動費をそれぞれ加算することによって導き出される。

　なお，目標利益として，投下資本に対する利益が用いられることが多い。その場合は，投下資本額×目標利益率として導き出される。

　目標利益を考慮した価格決定方法の計算式は，以下の通りである。

$$総収入＝総費用＋目標利益$$
$$＝価格×販売数量$$
$$＝固定費＋目標利益＋変動費$$

$$価　格＝\frac{固定費＋目標利益＋変動費}{販売数量}$$
$$＝製品1単位当たりの固定費＋製品1単位当たりの目標利益$$
$$＋製品1単位当たりの変動費$$

　諸費用に目標利益を加算して価格を決定する方法は簡便であるため，利用しやすく，特に取り扱い製品が多い小売業や卸売業では頻繁に用いられる。しかしながら，需要を全く考慮していないことに注意しなければならない。目標利益を考慮した価格決定方法の場合，生産された製品は全て売れるという前提のもとで採算を考慮されているが，顧客が購入せず，予定した総収入が実現できなければ，目標利益が達成できないことに注意する必要がある。

【3】　損益分岐点分析による価格決定方法

　「損益分岐点（break-even point）」とは，収入（総売上高）と費用（総費用）が一致する点であり，当該分岐点上の販売数量を計算することによる費用重視型価格決定方法である（図10-3）。総売上高が損益分岐点を超えると利益が生じ，下回ると損失が生じることになる。なお前述のように，企業の総費用の中には，売上高の増減に無関係に発生する固定費と，売上高の増減に応じて増減する変動費がある。

　損益分岐点の計算式は，以下の通りである。

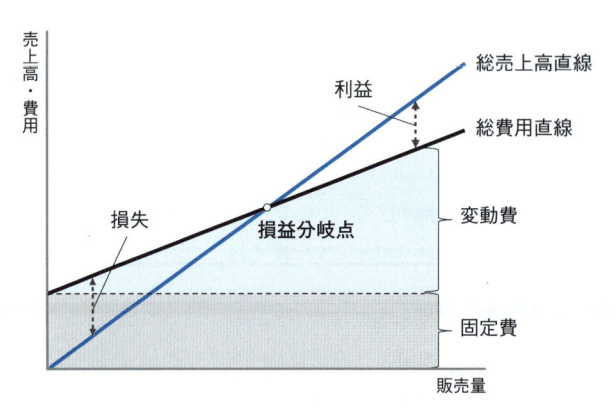

図 10-3　損益分岐点

$$価格 \times 損益分岐点販売量 = 平均変動費 \times 損益分岐点販売量 + 固定費$$

$$損益分岐点販売量 = \frac{固定費}{価格 - 平均変動費}$$

$$損益分岐点売上高 = \frac{固定費}{1 - \dfrac{平均変動費}{価格}}$$

需要重視型の価格決定方法

　需要重視型は顧客である消費者の製品に対する価値判断や価格に対する心理を考慮して価格を決定しようとするものである。ここでは，**消費者の経済価値に基づく価格決定方法，割安感に対応した価格決定方法，高級感に対応した価格決定方法，需要の価格弾力性を考慮した価格決定方法**について，それぞれ説明する。

【1】　消費者の経済価値に基づく価格決定方法

　消費者は製品を購買しようとする際に，製品の経済的な価値を知覚し，その経済価値が価格などの負担に見合うかどうかを判断する。消費者の経済価値（economic value）に基づく決定方法は，**企業が当該製品について消費者が知**

覚する経済価値を評価して，価格決定に用いる方法である。

　消費者は，当該製品を用いることによって他の代替手段（たとえば，競合製品）に比べて消費者自身の目的がうまく達成することができたり，業績が向上したりする場合，あるいは，所定の目的を達成する際に他の代替手段に比べてより低い費用で達成することができる場合に，当該製品について経済的な価値を認めると考えられる。消費者自身の目的がうまく達成することができたり，業績が向上したりすることは，消費者ニーズの満足化に他ならない。

　また，所定の目的を達成することにかかる費用は次のように考えることができる。消費者は製品を消費・使用するに際し，製品代金を支出するとともに，代金以外に様々な費用を負担する。製品を消費・使用することに関する費用（購買後費用）には，製品を消費・使用することに関する金銭的支出，時間，肉体的・心理的負担が含まれ，具体的には，製品を稼動させるための電気代や，製品の扱い方を学習するための手間などが考えられる。

　消費者の経済価値の評価は，通常の使用において，同様の満足をもたらす代替製品と比べて，当該製品が購買後費用をどれだけ節約することになるのかを算出するか，あるいは，購買後費用が代替手段と同じであるとして，当該製品により代替手段と比べてどのような高い満足が消費者にもたらされるのかを列挙していくことによって行われる。さらに，競合製品に比べ，より低い購買後費用やより高い満足の実現は「プレミアム価格（premium price）」の享受につながるが，明確化された代替手段と比べた購買後費用や製品満足を消費者に提示し，プレミアムを金銭評価してもらうことによって，具体的に経済価値を金銭評価する。

【2】　割安感に対応した価格決定方法

　消費者の抱く割安感を考慮してつけられる価格に「端数価格（odd price）」がある。消費者は 0 で終わるような切りの良い価格よりも，9 とか 8 のような端数のついた価格を割安と感じることがある。たとえば，200 円よりも 198 円を割安と感じるように。さらには，10,000 円と 9,800 円と比べた場合では，9,800 円のほうがわずか 200 円安いだけではあるが，桁が 1 つ小さいため実数以上の割安感がある。このような端数の価格を端数価格と呼ぶ。小売業において盛んに用いられる。

　製品の高級感を考慮してつけられる価格に「**威光価格**（prestige price）」がある。消費者に製品知識がなく，品質を判断しがたい場合，消費者は価格を品質判断の手がかりとして利用することがある。消費者は価格が高いほど品質も高いと判断しがちである。そのような場合，高い品質の製品に威光価格と呼ばれる比較的高い価格をあえてつけ，**高級品であることを消費者に訴求する**のである。また，製品が「見せびらかし」のために消費者に購入される場合にも威光価格は有効であるとされる。

【4】　需要の価格弾力性を考慮した価格決定方法

　顧客である消費者にとっての価値と価格の関係を重視した需要重視型の価格設定にとって，重要となるのが，「**価格弾力性**（price elasticity）」という概念である。価格弾力性とは，価格のある変化に対して需要がどの程度反応するかを示すもので，**需要の変化率÷商品の価格の変化率**で求められる（**図 10-4**）。

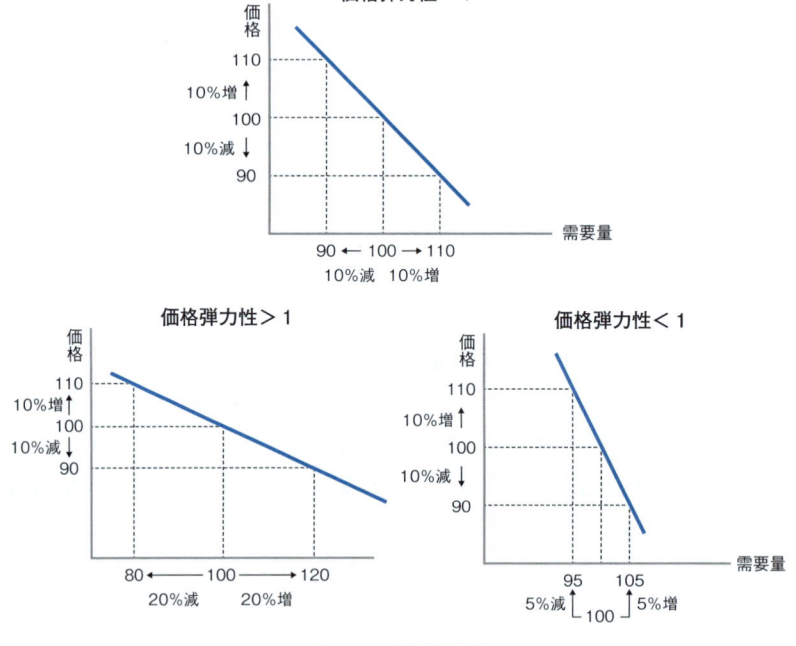

図 10-4　価格弾力性

すなわち価格弾力性とは，価格が1%変化したときに需要量が何%変化するかを示す値である。価格弾力性が1の場合には，価格が10%変化すると需要量も同様に10%変化する。価格弾力性が1より大きい場合，需要は弾力的であるとされ，価格が10%変化すると需要量は10%以上変化する。したがって，需要が弾力的な商品は，価格を引き下げることにより売上高（＝価格×販売数量）は増加することになる。

　他方，価格弾力性が1より小さい場合は，需要は非弾力的とされる。たとえば，価格が10%変化しても需要量は10%まで変化しないような場合である。こうした場合，価格低下は売上高を減少させる。しかし，価格の10%の上昇は，需要量を10%未満しか減少させないため，売上高を増加させることになる。

　価格弾力性は，次の公式により，算出される。

$$\text{価格弾力性} = \frac{\text{需要の変化率}}{\text{価格の変化率}} = \frac{\dfrac{\text{売り上げ数量の変化量}}{\text{売上数量}}}{\dfrac{\text{販売価格の変化額}}{\text{販売価格}}}$$

　一般的に米や野菜など生活必需品では，価格弾力性は低く，ファッション衣類や宝飾品などの贅沢品では，価格弾力性は高いとされている。

競争重視型の価格決定方法

　競争重視型の価格決定方法は，競合他社の価格を考慮して自社製品の価格を決定しようとするものであり，競合他社と同水準の価格を決定する方法，競合他社より低い水準の価格を決定する方法，および競合他社より高い水準の価格を決定する方法が含まれる。

【1】　競合他社と同水準の価格を決定する方法

　競合他社と同水準の価格を決定する方法は，同様の品質を持つ競合製品と同水準の価格を決定する方法ということであるが，次のような状況において採用される。

①製品差別化の程度がきわめて低い状況

②業界にプライス・リーダーが存在している状況

③慣習価格が存在している状況

　製品差別化の程度がきわめて低い状況では，個々の売り手の価格決定とは無関係に市場価格が形成されている。また，業界に「プライス・リーダー（price leader）」が存在している状況では，市場は寡占化しており，特定の企業（プライス・リーダー）が強大な市場シェアを占めているため，他の競合他社が追従せざるを得ない状況になっている。最後に，「慣習価格（customary price）」とは消費者の間に特定の製品について慣習的に認められる価格であり，清涼飲料水，チューインガム，キャンディー類などで見られるが，慣習価格が存在している場合には，これより価格を高くすると著しく売上高が減少し，価格を低くしても売上高がさほど増加しない。

【2】　競合他社より低い水準の価格を決定する方法

　競合他社より低い水準の価格を決定する方法は，「バリュー価格の決定（value pricing）」と呼ばれ，競合他社と同様の製品品質を維持しつつ，あえて競合他社の水準よりも低い価格を決定し，競争に打ち勝とうとする場合に用いられる。製造業の場合は，ブランド認知度の低い製品を持つ中小企業などが大企業に対抗するために採用することが多い。また，小売業の場合では，店舗において提供するサービス水準を低下させ，競合店より低い費用水準で操業し，値入率を低く抑え，恒常的に低い価格水準で製品を提供することを基本とする，「エブリデイ・ロー・プライス（everyday low price：EDLP または ELP）」戦略の場合に顕著に見られる。

【3】　競合他社より高い水準の価格を決定する方法

　競合他社より高い水準の価格を決定する方法は，製造業においては，製品がユニークで，競合製品と比べて高い品質を保持している場合などに採用される。小売業においては，小売店が提供するサービスの水準が競合店と比べて高い場合に採用される。一般に，市場価格よりも高い価格をプレミアム価格という。

10.4 価 格 戦 略

　価格戦略とは，販売価格に関する各種政策を策定，遂行，統制する一連の諸活動のことであり，価格管理と価格設定とに大別することができる（図10-5）。ここでは，価格管理政策について説明した上で，価格設定政策として，新製品の価格設定政策や，製品ミックスに特有の価格設定政策について，その考え方や方法について説明する。

価格管理政策

【1】 値 上 政 策

　製品の値上げは，原材料価格の上昇，超過需要など外部環境変化に対応して実施される。また，企業のマーケティング目標の変更に伴って実施されることもある。価格調整実施に際し，環境の価格調整に対する反応，特に顧客と競合他社の反応を予測しなければならない。

　顧客の反応を予測するためには，当該製品に対する需要の価格弾力性を分析する必要がある。価格弾力性が大きい場合，値上げは製品需要の減退を引き起こすことがある。さらに，顧客の抱く価格の公正性に注意を払う必要がある。製品値上げに対して，顧客は不信感を抱くことがあり，買い控えなどの反応を示すことがある。

図10-5　価 格 戦 略

競合他社の反応を予測するためには，競合他社の過去の反応パターン，マーケティング目標・戦略，財務状況などを分析する必要がある

【2】　割引政策

　「**製品の割引**（discount）」は売れ行きの不振や価格競争の激化など外部環境変化に対応して実施される。また，企業のマーケティング目標の変更に伴って実施されることもある。割引の実施に当たっても，顧客と競合他社の反応を予測しなければならない。顧客の反応を予測するためには当該製品に対する顧客の価格感度を分析する必要がある。さらに顧客は，製品割引に対し，品質の劣化，モデル・チェンジの前触れなどの疑念を抱く場合があり，買い控えなどの反応を示すことがある。

　競合他社の反応を予測するため，競合他社の過去の反応パターン，マーケティング目標・戦略，財務状況などを分析する必要がある。

　割引政策には，以下のようなものがある。

① 数 量 割 引

　取引量に基づいて価格を割引くことを「**数量割引**（quantity discount）」という。数量割引には取引毎数量割引と累積的数量割引の2種類がある。取引毎数量割引は取引1回ごとの取引量が一定以上に達したとき割引を行うことであり，累積的数量割引は一定期間の1回以上の取引で取引量が一定以上に達したとき割引を行うことである。累積的数量割引は顧客固定化の観点から近年重視されており，具体的にはポイントカード制がそれにあたる。すなわち小売業などで，取引量を一定のポイントに変換してカードに記入し，ポイントが特定の小売店において利用可能な貨幣として扱われ，実質そのポイント分を割引くなどの政策である。

② 現 金 割 引

　現金による代金支払いの場合に価格を割引くことを「**現金割引**（cash discount）」という。現金での支払いを勧め，代金回収を早めるために行われる。

③ 期 間 割 引

　需要の減退期に需要の喚起を狙って価格を割引くことを「**期間割引**（periodic discount）」という。季節品や流行品などでは，発売当初は比較的高価格

で販売され，「時期遅れ」になると割引かれて販売される，バーゲン（bargain）や季節割引（seasonal discount）などはよく見られる。また，1日の販売活動中，早朝や深夜などの需要減退期に実施される割引として，早朝割引や深夜割引などがある。

④　業 者 割 引

　製造業者が卸売業者および小売業者の双方との取引関係を有する場合に，卸売業者に対して，小売業者への販売価格に比して，価格の一定の割引を提供することを「業者割引（trade discount）」という。これは，製造業者にとって，卸売業者と小売業者が自社製品の流通に対して果たす機能の違いを考慮し，安定した流通経路を維持することを目的としている。

⑤　特 　 売

　多くの場合は小売業において行われるが，消費者の来店や製品の販売を促進する目的で特別に割引くこと「特売（special sales）」という。売れ行きの悪い製品を割引くことはもちろんのこと，高級ブランド製品を極端に割引いて，消費者の来店を促進し，他の製品もついでに購買することを促進する「ロス・リーダー（loss leader）政策」もよく実施される。

⑥　その他の割引

　地域別に実施される地域別割引や，学生割引などのように顧客別に実施される顧客別割引などが存在する。また，耐久消費財などにおいて，長期分割払いの利用が通常である場合には，分割払いにかかる利息を引き下げることによって実質的に割引くことが行われる。さらに，エブリデイ・ロー・プライス戦略を採用し，競合店との価格競争を重視する小売業などにおいては，特定の製品について競合店のほうが自店よりも低価格で販売している場合，顧客との交渉によってさらに価格を下げる，いわば低価格保証を実施することがある。

【3】　リベート政策

　「リベート（rebate）」とは，一定期間の取引高を基準に，取引先に支払われる利益の割り戻しのことであり，支払基準には定率的なものと段階的にリベート率が定められるものがある。リベートの代表例としては，販売奨励金があげられる。リベート政策の主な目的は取引先のロイヤリティを高め，長期的関係の維持を図ることにある。こうしたリベート政策に対しては，結果として，高

い小売価格を消費者に押しつけるものとしての社会的批判に加え，リベートが極端な割引の原資として活用され，流通秩序を混乱させる原因とされるとの批判もある。

【4】　価格維持・安定政策と公的規制

差別化の困難な多くの企業は，価格競争をしなければならない。価格競争を回避するために，価格を同一水準に設定することがある。このような価格設定は，企業間で基本的な価格について協調行動をとる必要がある。**価格カルテル**や**プライス・リーダーシップ**などが存在するとき価格は管理され，維持・安定化することになる。

価格カルテルは，企業間相互で価格の維持などに関して明示的な協定を結ぶものである。競争関係にある企業同士が同種の製品の価格を維持・安定させるためには容易な方法である。しかしながら，価格カルテルは自由な競争を制限し，顧客に高い製品を買わせることになるため，独占禁止法により禁じられている。

また，寡占化した市場では特定のプライス・リーダーが大きな市場シェアを持つため，業界における価格決定の先導者になる。他企業はプライス・リーダーの価格に追従せざるを得ない。こうした理由からその業界において一定の価格が設定されることをプライス・リーダーシップという。製造コストの構造は類似しているが，プライス・リーダーが最も低コストで生産しており，他企業は価格競争を挑むことができない。このような状況では，価格は比較的高い水準に固定化し，企業の市場シェアも変化しない。プライス・リーダーシップは，価格カルテルが形成されているわけではないが，価格の同調値上げとみなされ，独占禁止法上，公正取引委員会は業界各社に対して，その理由などについて報告を求めることができる。

価格の維持・安定政策の例外として，**10.1** で述べた再販売価格維持がある。これは，製造業者が卸売業者もしくは小売業者に対して，消費者への販売価格（再販売価格）を定め，これを維持させる行為である。こうした行為は，独占禁止法上，禁止されているが，適用除外品目として，書籍，雑誌，新聞，音楽CD など一部の著作物のみ例外的に認められている。

価格設定政策

【1】 新製品の価格政策

製造業者が新製品を発売するに際し，価格は前述の様々な価格決定法を応用して決定することができるが，大きく分けて，「**上澄吸収価格**の決定（skimming pricing）」と「**市場浸透価格**の決定（penetration pricing）」の2パターンがある（**表10-1**）。

① 上澄吸収価格政策

製品ライフサイクルの導入期から成長期にかけて，早期に初期投資を回収し，利益を獲得するために，比較的高い価格を設定することである。

上澄吸収価格政策は，製品の特性が革新的で，競合他社が同様の製品を作り出すために必要な技術，資本を欠いている場合に有効である。また，顧客の価格感度が低い場合に有効である。ただし，競合他社が同様の製品を低価格で発売した場合，開拓した自社の市場シェアを競合他社に奪取されてしまうことになるため，その際，価格調整を含めた対応が必要となる。

② 市場浸透価格政策

製品ライフサイクルの導入期から成長期にかけて，高い市場シェアを確保するために，あえて新製品に比較的低い価格設定を決定することである。低価格によって，高い市場シェア，すなわち高い売上高を確保し，規模の経済性，経験効果を享受し，競争優位性を獲得することが狙いである。さらに，低価格を参入障壁にして，競合他社に新規市場参入を思いとどまらせることも考慮さ

表 10-1　上澄吸収価格政策と市場浸透価格政策の比較

	上澄吸収価格政策	市場浸透価格政策
前提条件	● 製品差異化が確立 ● 価格弾力性が低い	● 価格以外に差異化が困難 ● 価格弾力性が高い ● 規模の経済性
標的顧客	● 価格にこだわりのない層 ● 革新的採用者層／初期少数採用者層	● 価格に敏感な層 ● 幅広い潜在市場
価格設定	相対的に高価格	相対的に低価格

れる。

市場の高い成長が見込まれること，競合他社よりも高い生産性を維持することができる見込みがなければ失敗する可能性が高い。また，顧客の価格感度が高い場合に有効である。

【2】 製品ミックスの価格政策

複数製品の組合せである製品ミックスに対する価格は，個々の製品について価格を決定し，価格の組合せ（価格ミックス）内で調整を行うことで形成されるが，ここでは製品ミックスに対して決定される特有の価格についての説明として，「製品ライン価格（product-line price）」，「均一価格（uniform price）」，「抱き合わせ価格（optional-feature price）」，および「キャプティブ価格（captive-product price）」を取り上げる。

① 製品ライン価格

製品を品質・グレード（grade）別などにグループ（ライン）分けして決定される，ラインごとに単一の価格のことを製品ライン価格という。たとえば，高級品ラインは 9,800 円，中級品ラインは 7,800 円，普及品ラインは 5,800 円というように決定し，各ライン内の個別品目は同一価格がつけられる。

顧客にとっては，提示される品目が多い場合，品目別に価格がばらばらであるよりも，いくつかの少数ラインにまとめられて価格提示されるほうが，比較・選択しやすい。また，企業にとっては品質・グレードが訴求しやすいという利点がある。

② 均一価格

多種類の製品について同じくつけられる価格のことを均一価格という。小売業では，店内の取り扱い製品全てに同一価格をつけた均一価格小売店が観察される。均一価格は，顧客にとっては価格に製品の品質が見合うかどうかの判断が下しやすいという利点があり，企業にとっては割安さを強く訴求しやすいという利点がある。

③ 抱き合わせ価格

複数の製品やサービスをセットにして販売する際に決定される価格を抱き合わせ価格という。通常は，単品の価格を合計した総額よりもかなり低い価格を

つける。

④ キャプティブ価格

特定の製品（本体）の使用について，他の製品の消耗が不可欠である場合，本体製品には低価格をつけ，本体製品の購入をいわば「捕虜（captive）」のようなかたちにしておき，他の製品について比較的高価格をつける。このようにして設定された価格をキャプティブ価格という。

《参考文献》

有馬賢治 (2006)，『マーケティング・ブレンド—戦略手段管理の新視角—』白桃書房。

亀川雅人・有馬賢治 (2000)，『入門マーケティング』新世社。

菊池宏之編 (2013)，『現代マーケティング入門』同文舘出版。

P. コトラー・G. アームストロング・恩藏直人 (2014)，『コトラー，アームストロング，恩藏のマーケティング原理』丸善出版。

小川孔輔 (2009)，『マーケティング入門』日本経済新聞出版社。

白井美由里 (2005)，『消費者の価格判断のメカニズム—内的参照価格の役割—』千倉書房。

杉田善弘・上田隆穂・守口剛編 (2005)，『プライシング・サイエンス—価格の不思議を探る—』同文舘出版。

上田隆穂 (1999)，『マーケティング価格戦略—価格決定と消費者心理—』有斐閣。

上田隆穂編 (2003)，『ケースで学ぶ価格戦略・入門』有斐閣。

上田隆穂・守口剛編 (2004)，『価格・プロモーション戦略—現代のマーケティング戦略 [2] —』有斐閣。

和田充夫・恩藏直人・三浦俊彦 (2000)，『マーケティング戦略 [新版]』有斐閣。

11 サービス・マーケティング

11.1 サービス経済化の進展

サービス産業の成長

　私たちは，日々様々な**サービス**を利用している。電話で話す，メールを送る，明かりを点ける，新聞を読む，電車に乗る，授業を受ける，病院で治療を受ける……など私たちは様々なサービス業との関わりの中で日々の生活を営んでいる。このような多種多様なサービスが私たちの日常生活を支えており，これらを提供するサービス産業が先進国では重要な産業部門として急速な成長を遂げてきた。

　日本の GDP に占める**サービス産業**（**第3次産業**）の割合を見ると，1970 年代に 50% であったシェアは，90 年代に 60%，そして 2020 年代に約 75% まで拡大している。ここでの数値は，電気・ガス・水道，宿泊，飲食，生活衛生，教育・学習支援，業務支援のほか，卸・小売，運輸，金融保険，情報通信等の広義のサービス業を対象としたものである。このように，サービス産業には様々な業種が存在し，日本で約 4000 万人の雇用を生み出している（総務省統計局「労働力調査 2022 年」）。「労働力調査」によると，日本の就業者数は約 6700 万人であることから，サービス産業の就業者数は約 6 割に相当し，いまやサービス産業は日本の基幹産業になっている。

　このような傾向は日本のみならず，世界の先進国でサービス産業は支配的な

経済活動になっている。日本において，サービス産業はさらなる成長が見込まれているが，かねてよりサービス産業における生産性の低さが問題視されており，これの改善に向けた経営努力が急務になっている。この点がサービス・マーケティングの重要なテーマに台頭している。

消費価値の変化：コト消費

　消費のサービス化が進展する背景として，所得レベルの上昇による「家計面のゆとり」が増大したこと，さらには週休 2 日制の導入や労働時間短縮に伴う自由時間の増加，家事労働を軽減する家電製品の普及や子女数の減少に伴う育児期間の短縮化などによる「時間面のゆとり」といった 2 つの「ゆとり」に加え，高齢化の進展と女性の社会進出の増加を南方はあげている。

　また，内閣府の「国民生活に関する世論調査」を見ると，日本では 1970 年代中盤から，今後の生活において物や財産を多く所有している「物の豊かさ」を求める人よりも，「心の豊かさ」を求める人の割合が多くなっている。同時期は，60 年代の高度経済成長期を経て，物質的豊かさを多くの人が享受した時期である。1979 年以降，一貫して両者の割合の差は拡大し続け，2019 年度には「物の豊かさ」を求める人が 29.6% に対して「心の豊かさ」を求める人は 62.0% と 2 倍の差になっている。

　あらゆる「モノ」に対する所有欲を満たす消費価値から，楽しいコト，嬉しいコト，貴重なコト，成長できるコト，親しくなれるコト，など何かを経験する「コト」や思い出に残る「コト」に対する消費価値，すなわち「コト消費」（「経験価値」とも呼ばれる）への需要が様々なビジネス分野で高まりをみせている。

　苦戦する流通業の中で，成長を続ける業態の一つに「ショッピングセンター（shopping center：SC）」があげられる。ショッピングセンターでは，広いフロア面積を利用してゆったりとくつろげる空間を提供している。休憩場所は随所に設置されており，子供が遊べる空間や展示会を設け，土日・休日はイベントも多い。「買い物」以外の魅力も充実させることで，「買い物」＋「レジャー」という新しい価値の創出により，施設内で楽しい時間，快適な時間を過ごす「コト消費」の取り込みに成功している。

サービスの定義

　後に触れるように多様な特性と側面を有するサービスは，統一的な定義は現在のところなされておらず，様々な解釈がされている。そこで，各論者の定義をいくつか紹介しつつ，以降でその特性について詳しく見ていきたい。

　まず，コトラーは「サービスは，基本的に無形かつ所有の対象とならないものを提供する活動である。物理的な製品と結びつけて提供される場合もある」と定義している。

　近藤は，「サービスとは個人や組織を対象とする価値生産的な活動」と定義し，価値生産的というのは，サービス活動が個人や組織に何らかの価値がある結果をもたらすことを意味する。そして，「サービスとは活動，働きのことである」とする。たとえば，美容院が提供するサービスは美容師による活動であり，美容師が顧客の希望通りのヘアスタイルを提供することが価値生産的な活動である。また，近藤は，サービスのもう一つの重要な要件として，「その活動はお金を払って手に入れること」とし，家事やボランティアと区別している。

　望月は，サービスの本来の意味として「金銭的な目的を持たず，人々の役立つことに自分の労力を傾けること」と定義する。金銭的な目的を持たないということは，「打算的でなく，見返りを期待しないという精神に通じる」ことを意味し，人々のために役立つということについては「人々の幸せのために助力すること」を意味すると述べている。確かに，サービスという言葉の持つ本来的な意味は，望月が指摘する通り，見返りを期待しない，人々の幸せのために助力する，という2点であろう。一般的には，有料なものに対してもサービスという言葉が使われていることに対して，これらが経済に影響を与えるという意味から「サービス財」という言葉を用いて区別している。

　上原は，「サービスとは，ある経済主体が，他の経済主体の欲求を充足させるために，市場取引を通じて，他の経済主体そのものの位相，ないしは，他の経済主体が使用・消費するモノの位相を変化させる活動（行為）そのものであ

る」と定義している。そして，そこには売り手から買い手への所有権の移転が
なく，売り手と買い手との間に相互制御関係が生じ，この点こそがサービスと
物財の大きな違いであると指摘している。鉄道会社が提供する輸送サービスを
例にあげれば，私たちはA地点からB地点まで電車に乗って移動する権利
（利用権）に対して対価を支払っているのであり，鉄道会社から何らかの所有
権の移転は行われない。テーマパークも同様であり，ディズニーランドで支払
う金額は，閉園までパーク内の施設を利用できる権利（アトラクションを体験
したり，ショーやパレードを観賞する権利）を買っているのである。また，例
外としてサービス財でも所有権の移転が伴う財も存在する。たとえば特許権な
どは無形でありながら，その取引では所有権の移転を伴うが，本来的にはサー
ビスは所有権の移転はなく，利用権や使用権に対して対価を支払っている。

　ローイら（B. V. Looy et al.）もサービスを売り手と買い手との間の相互制
御関係にあることを重視し，「無形であり，サービス提供者と消費者の相互作
用を必要とするあらゆる経済活動」と定義している。

サービスの基本的特性

　上の定義を踏まえながら，サービスの基本特性を整理していく。サービスは
いくつかの特性によって，有形財である製品と区別することができる。以下で
は，代表的な4つの基本的特性について説明していこう。

【1】 無 形 性

　サービスの第一の特性が無形性（intangibility），すなわち物理的な姿や形を
伴わないという点である。有形財と異なり形がないため，顧客の目には見えな
いのがサービスである。したがって，購入前に顧客が実際に見たり触れたり手
にとったり，味わったりするなど品質の確認を事前に行うことは難しい。自動
車を購入するときは，実際に試乗してその乗り心地を確認することができるが，
美容院では実際にハサミでカットされサービスを受けるまで，品質を確認・評
価することができない。このように，サービスには品質の事前確認ができない
という不確実性が伴うのが特徴である。そのため，顧客は不確実性を少しでも
軽減させるために，そのサービスや企業に関する様々な情報を得ることになる。

家族や友人，あるいはクチコミサイトから直接的な情報を得ることもあれば，お店全体の清潔感やセンス，あるいは従業員の容姿や言葉遣いといった有形なものから品質を推定する努力も行う。

したがって，「購入前の使用が不可能」という特徴を持つサービスを提供する企業は，「見えないものを見えるようにする」ために「サービスのエビデンス（裏付け・証明）を管理する」ことが課題となる。

【2】 同時性

サービスの2番目の特徴が，有形財と異なりサービスの生産と消費が同時に行われる（同時性：simultaneity）という点である。有形財であれば，それが作られる場所や時期は消費される場所や時期と異なるのが一般的である。有形財が消費されるまでには，複数の流通段階を経るのに対して，サービスは生産と消費が一体化しているという大きな違いがある。たとえば，医者の診察という生産行為は，受け手である患者の消費行為でもある。大学の講義も，教員と学生が時間と場所を共有することで成立するのであり，生産と消費が同時に行われているのである。つまり，売り手と買い手との間に相互制御関係が生じるのがサービスの特徴である。

このように，サービスを提供する側と受け手側は，時間と場所を共有する必要があるために，売り手からサービスを切り離すことができず，しばしばこの同時性は「不可分性」あるいは「非分離性」とも呼ばれる。

【3】 異質性

サービスの3番目の特徴が，提供する品質にバラツキ（異質性：variability）を伴うという点である。これまで見てきたように，サービスは生産者と消費者の相互制御関係で成立するものであり，提供する人間の能力や経験量に成果や品質は大きく左右されてしまうことにより，有形財のように品質の標準化を図ることが難しい。同じ美容院でも，スタイリストによって仕上がりは異なるのが一般的である。そのために，スタイリストの経験年数や能力に応じて価格差を設けることで，顧客に技術や仕上がりを予測させたり不安感や不確実性を軽減させる取り組みを行う美容院は少なくない。

また，サービスは品質のチェックを行うことも難しい。そもそも有形財のよ

うに,工場の出荷時に検品をするなど事前確認はできず,事後確認として生産された サービスの品質をチェックすることも容易ではない。したがって,サービス品質の均質性をいかに高めていくか,これがサービス業の大きな課題である。

【4】 消滅性

サービスの4番目の特徴が,生産・消費されるとすぐに消滅してしまう(消滅性:perishability)という点である。つまり,サービスは生産のときだけ存在している。有形財は売れ残れば,保管・在庫をすることによって再び販売(収入)の機会が訪れるが,サービスはそのようにはいかない。たとえば,ホテルで空室が発生した場合は,その販売ロスを次の日に補填することはできない。無形であり,生産と消費の同時性ゆえに保管・在庫をすることができないサービスは,売れ残りなど供給量に満たない場合は,そこから得られたはずの収入の機会は失われてしまう。

したがって,有形財のマーケティングに比べて,サービスのマーケティングで需要と供給を管理することが重視されるのは,この消滅性に起因するところが大きい。

11.3　サービス財の種類

サービス業が提供する要素

サービス業には様々な業種があるが,提供するサービスの要素はいくつかに分類することができる。望月はサービス業の提供しているサービス要素として,「物」,「情報」,「場」,「移動」,「技術」の5つをあげている。サービス業は,この5つのサービス要素の中から1つ,あるいはいくつかを組み合わせて消費者に提供している(図11-1)。

たとえば,病院では,医者が患者に対して,その人の様態から病名や治療法という「情報」を与え,治療や手術という「技術」を提供し,さらに入院設備によって「場」をも提供している。また,ショッピングセンターは「物」の提

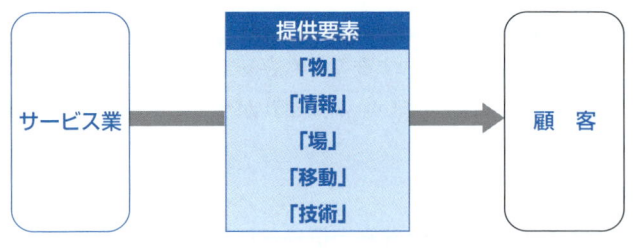

図11-1　サービスの提供要素

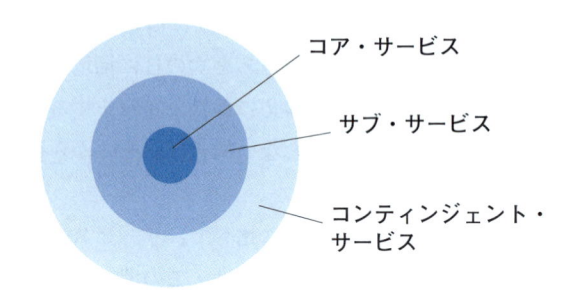

図11-2　サービスの構成要素

（出所）　近藤隆雄（1999），『サービス・マーケティング—サービス商品の開発と顧客価値の創造—』生産性出版，p.121 を一部修正。

供を主たる目的としているが，そこでは快適で楽しい「場」も提供している。さらに，豊富な品揃えにより消費者に各種の「情報」も暗黙裡に提供していることになる。あるいは鉄道会社が提供するサービスの本質的要素は「移動」であるが，新幹線のグリーン車のように「場」という要素も提供している。利用者は目的地までの「移動」に対して対価を支払うだけでなく，快適な「場」としてのグリーン車に対しても経済的価値を認めてプラスの料金を支払う。さらに，新幹線や特急電車の中で食べ物や飲み物の移動販売が行われる際には，「物」としてのサービス要素も提供されているのである。

　また，企業が事前に計画・管理できるサービスの構成要素として次の3つに分類することができる（**図11-2**）。

　①　**コア・サービス**（core service）：サービス商品の中核となる機能であり，そのサービス・コンセプトを実現する活動である。顧客がサービス財に対して

求める本質的機能や活動であり，必要不可欠なサービス要素である。たとえば，航空会社のコア・サービスは安全な輸送サービスであり，美容院のコア・サービスは期待通りのヘアスタイルの提供となる。

② サブ・サービス（sub service）：コア・サービス以外の副次的な機能であり，そのサービスの魅力を高めたり，企業の特徴を表すことができるサービス要素である。顧客が求める必要不可欠なサービス要素ではないが，コア・サービスとセットでの提供を期待するサービス。たとえば，航空会社のサブ・サービスは機内食や映画・音楽プログラムなどであり，美容院のサブ・サービスは飲み物の無料提供やマッサージ，雑誌やタブレット端末の貸し出しなどが該当する。

③ コンティンジェント・サービス（contingent service）：コア・サービスとサブ・サービスはともに定常業務に含まれるが，予期せぬ事態や突発的なアクシデントに対応する状況適応的なサービス活動である。たとえば，航空会社のコンティンジェント・サービスは顧客の食の好みに応じた機内食の提供や体調不良者への対応，美容院では早朝の着付けサービスやヘアスタイルのクレームに対する迅速な対応などがこれに該当する。

サービスの類型

ラブロック（C. Lovelock）とライト（L. Wright）は，サービスのオペレーションの見地からサービスを4つに分類している。サービスの直接の受け手が「人」か「所有物」か，そして，サービスの行為が「有形」か「無形」かによって4つのタイプが識別される（表11-1）。

① 人の身体に向けられるサービス：人の身体に対する有形の行為が行われる。このカテゴリーのサービスの例としては，旅客輸送，宿泊，美容院，マッサージ，フィットネスジム，レストラン，葬祭サービスなどがあげられる。

② 人の心・精神・頭脳に向けられるサービス：人の心・精神・頭脳に対する無形の行為が行われる。たとえば，広告／PR，芸術や娯楽，放送，経営コンサルティング，教育，情報サービス，コンサートなどがこのカテゴリーのサービスに該当する。

③ 物理的な所有物に向けられるサービス：顧客の所有する物財や他の物理

表11-1　サービス行為と受け手のタイプによるサービスの4類型

サービス行為の本質	サービスの直接の受け手	
	人	所有物
有形の行為	人の身体に向けられるサービス	物理的な所有物に向けられるサービス
	旅客輸送 宿　泊 美容院 マッサージ フィットネスジム レストラン 葬祭サービス	貨物輸送 修理・メンテナンス 倉庫・保管 小売流通 クリーニング 給　油 廃棄／リサイクル
無形の行為	人の心・精神・頭脳に向けられるサービス	無形の財産に向けられるサービス
	広告／PR 芸術や娯楽 放　送 経営コンサルティング 教　育 情報サービス コンサート	会　計 銀　行 データ処理 データ変換 保　険 プログラミング 調　査

（出所）　Lovelock, C. and L. Wright（2002）, *Principles of Service Marketing and Management*（2nd ed.）, Prentice Hall, p.34.

的所有物に対する有形の行為が行われる。たとえば，貨物輸送，修理・メンテナンス，倉庫・保管，小売流通，クリーニング，給油，廃棄／リサイクルなどが該当する。

④　無形の財産に向けられるサービス：顧客の財産に対する無形の行為が行われる。たとえば，会計，銀行，データ処理，データ変換，保険，プログラミング，調査などがこのカテゴリーのサービスに含まれる。

ここで識別したタイプによって，マーケティング，オペレーション，人的資源の戦略は異なることになる。

上原は，サービス・マーケティングを展開するための基本フレームとして，サービスのルールが固定されているか否か，サービスの受け手が特定されているか否かにより，以下の4つのタイプを識別した（**図11-3**）。

①　「条件固定・クラブ」型サービス：あらかじめルールを設定しておいて，画一化されたサービスを限定された特定の買い手とのみ長期にわたる関係を築いて提供されるサービス（例：大学，会員制ゴルフ場，スポーツジムなど）。

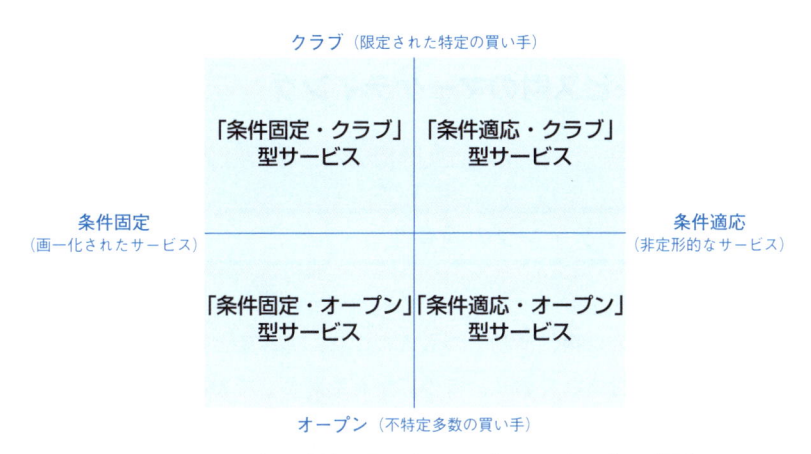

図11-3　サービスの条件と買い手のタイプによるサービスの類型

(出所)　上原征彦 (1999),『マーケティング戦略論』有斐閣, p.277 を一部修正。

②　「条件固定・オープン」型サービス：あらかじめルールを設定しておいて，画一化されたサービスを不特定多数の買い手と一過的な関係のもとで提供されるサービス（例：映画館，テーマパーク，ファミリーレストランなど）。

③　「条件適応・クラブ」型サービス：ルールを設定せずに，その時々によって適応していくサービスを，限定された特定の買い手とのみ長期にわたる関係を築いて提供されるサービス（例：家庭教師，会員制美容院，主治医など）。

④　「条件適応・オープン」型サービス：ルールを設定せずに，その時々によって適応していくサービスを，不特定多数の買い手と一過的な関係のもとで提供されるサービス（例：理髪業，病院，マッサージなど）。

　上原は，近年の情報ネットワーク技術の高度化は，今まで顧客数の拡大を図ろうとしてもそれが困難であった「条件適応・クラブ」型サービスから「条件適応・オープン」型サービスへの転換を促進すると指摘している。

11.4 サービス財のマーケティング

サービス・マーケティングの固有性

　サービス業が展開するマーケティングについて，売り手と買い手の関係に注目すると，サービスは提供活動そのものの中に，売り手と買い手との間で相互制御関係の展開が含まれており，この点が有形財としての「製品」とは異なる特徴といえる。

　たとえば，家庭教師によるサービスの提供を考えてみると，教師は生徒の理解度や関心・欲求に応じて「教える」という行為が規定されることになる。そこでは，常に教師（売り手）と生徒（買い手）との間に双方向の相互制御関係が生じているのである。つまり，サービス財の提供においては，買い手である消費者の生産過程への参加が一時的であれ不可欠になる。

　このように，企業がサービス財の提供を行う際には，財の提供相手としての消費者の考慮に加えて，生産に関与する消費者をも考慮に入れなければならないのである。この意味で，消費者のサービス財の生産過程への参加態度は，企業のサービス・マーケティング戦略に強い影響を与える要因であると考えることができる。

サービス業のマーケティング・ミックス

　企業がマーケティング活動を遂行する場合，企業を取り巻く様々な環境から常に影響を受けることになる。企業を取り巻く環境は，流動的かつ多面的であり，変化の潮流を正確に予測することやこれらを企業単体でコントロールすることは難しい。たとえば，ある企業にとって少子高齢化という人口動態が既存事業を脅かす事態の環境要因であったとしても，それ自体を企業努力で変更や修正できるものではない。企業は，そのような自社や業界の努力でコントロールすることができない要素を前提（所与）としながら，自社でコントロールできる要素について最適な組合せを考えて，提供したサービスに対する顧客満足

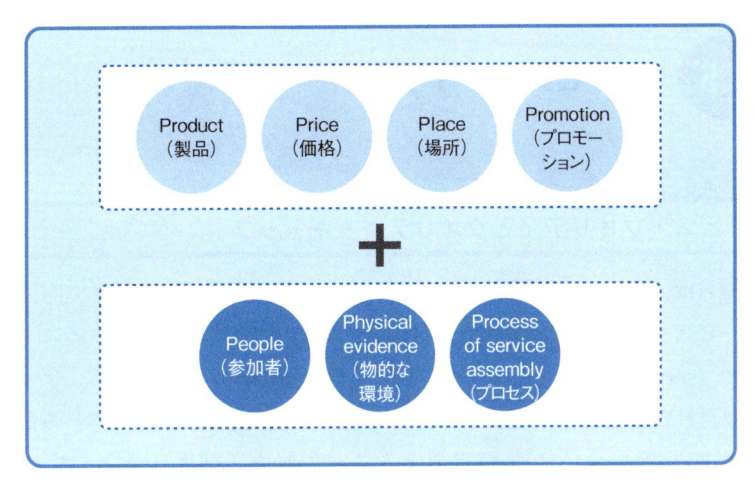

図11-4　サービス・マーケティングの7Ps

の向上を達成していく必要がある。このような，自社でコントロール可能な要素の最適な組合せを実現するのが**マーケティング・ミックス**である。

　伝統的なマーケティング・ミックスは，**5.4**で詳述したように製品（Product），価格（Price），場所（Place）にプロモーション（Promotion）を加えたものとして広く知られている。これは，暗黙的に有形財を対象としたマーケティングの構成要素であり，まとめて「**4Ps**」と呼ばれている。

　サービス・マーケティングでは，これら4つの要素に新たに3つの要素を加えた「**7Ps**」のフレームワークで捉えられる（**図11-4**）。その3要素は，「**参加者**（People）」，「**物的な環境**（Physical evidence）」，「（サービスの組み立ての）**プロセス**（Process of service assembly）」である。たとえば，私たちがレストランで食事をする際には，そこで提供される料理の味や価格だけでなく，従業員の接客サービスや対応力（参加者）に加え，店の内装や設備，備品，食器，従業員のユニフォーム（物的な環境），そして料理が提供される時間などの提供過程（プロセス）などを総合的に評価している。これら7つの要素は，顧客とのインタラクティブな作業を必要とするサービスの提供において，顧客満足の程度を規定する重要な要素である。

11.5 サービス・クオリティ

> **サービス・クオリティとクオリティ・ギャップ**

　私たちは，サービスの消費において，事前に期待したサービスと実際に受けたサービスを比較し，どの程度満足のいくものであったか，「**サービス・クオリティ**（service quality）」に対する全般的な評価を行う。そのため，サービス企業は自社が提供するサービスの品質だけでなく，顧客が抱く期待との食い違いの程度を把握することが重要となる。これを「**クオリティ・ギャップ**（quality gap）」と呼び，サービス・クオリティの目標は，ここでのギャップを可能な限り最小化することである。

　ラブロックとライトはサービス・クオリティについて，生じ得るギャップを以下の通り7つ提示している。

　① **知識ギャップ**：顧客が実際に抱いているニーズ・期待とサービス組織が考える顧客のニーズ・期待とのギャップ

　② **スタンダード・ギャップ**：サービス組織が考える顧客のニーズ・期待と，提供されるべくデザインされたサービス内容とのギャップ

　③ **デリバリー・ギャップ**：デザインされたサービス内容とサービス組織が実際に提供できるサービス内容とのギャップ

　④ **内部コミュニケーション・ギャップ**：サービス組織が広告や販売員を通じ伝えるサービス内容や品質とサービス組織が実際に提供できるサービス内容とのギャップ

　⑤ **知覚ギャップ**：実際に提供されたサービス内容と顧客が受けたと知覚するサービス内容とのギャップ

　⑥ **解釈ギャップ**：サービス組織の行うコミュニケーションが約束するサービス内容と顧客がこれらのコミュニケーションを受け取り解釈するサービス内容とのギャップ

　⑦ **サービス・ギャップ**：顧客が受けることができると期待するサービス内容と実際に提供され知覚されたサービス内容とのギャップ

ここであげた通り，サービス財においては，送り手と受け手との間には7つのギャップが存在し，これらを最小化していくことがサービスの品質評価を向上させるために重要なことになる。

サービス・エンカウンター

　顧客とサービスを提供する組織が何らかの側面で直接的な相互作用が発生する場所や時のことを「サービス・エンカウンター（service encounter）」と呼ぶ。全てのサービス・エンカウンターは顧客に評価される対象になる。つまり，先にあげたサービス・クオリティとクオリティ・ギャップが認識される場がサービス・エンカウンターである。サービス企業にとってサービス・エンカウンターはチャンスにもリスクにもなり得るものであり，「真実の瞬間（moment of truth）」とも呼ばれる。

　また，顧客はサービス・エンカウンターにおいて，これら7つのギャップに加え，次の5つの要素をサービス品質の評価に用いている。

　① 信頼性：約束したサービスをいつでも同じように供給することについて，このサービス組織は当てにできるだろうか。

　② 有形性：サービス組織の物理的な施設・設備，従業員，パンフレットなどのコミュニケーションツールは，サービスに相応しいものだろうか。

　③ 反応性：サービス組織の従業員は，迅速なサービスを手助けしたり，提供することができるだろうか。

　④ 確実性：サービス従業員は，知識豊富で礼儀正しく，信頼に足る存在であろうか。

　⑤ 共感性：サービス企業は顧客への気遣いや顧客ごとの注意を払っているだろうか。

　顧客は従業員とのコミュニケーションや環境とのインタラクションなど各種のサービス・エンカウンターにおいて，事前に抱いていた期待を上回るサービス体験を経験すると満足度は高く嬉しい気持ちになる。その企業が提供するサービスを再び利用したいという気持ちになるものである。顧客のサービスに対する顧客満足は，サービス・クオリティに対する事前に抱いた期待水準と実際に経験した知覚水準の差によって決まるという考えが，期待—不一致モデルで

ある。サービス企業は，顧客が事前に抱く期待水準を満たす努力と期待以上の
パフォーマンスを提供する努力が求められる。そのためにも，あらゆるサービ
ス・エンカウンターにおけるクオリティ・ギャップの評価を行い続けることが
重要である。

《参考文献》

有馬賢治 (2006)，『マーケティング・ブレンド―戦略手段管理の新視覚―』白桃書房。

Booms, Bernard H. and Mary J. Bitner (J. H. Donnelly and W. R. George eds. 1981)，
 "Marketing Strategies and Organizational Structures for Service Firms," in *Marketing of Services*, American Marketing Association, 47–51.

近藤隆雄 (1999)，『サービス・マーケティング―サービス商品の開発と顧客価値の創造
 ―』生産性出版。

近藤隆雄 (2007)，『サービスマネジメント入門―ものづくりから価値づくりの視点へ
 ―』生産性出版。

Levitt, Theodore (1981)，"Marketing Intangible Product and Product Intangibles," *Harvard Business review*, 59, May-June.

Lovelock, Christopher and Lauren Wright (2002)，*Principles of Service Marketing and Management* (2nd ed.)，Prentice Hall.

南方建明・酒井理 (2006)，『サービス産業の構造とマーケティング』中央経済社。

望月清文 (1995)，『サービス進化論―顧客満足のメカニズムを科学する―』KDD クリ
 エイティブ。

Norman, Richard (1984)，*Service Management*, John Willey & Sons.

B. V. ローイ・P. ゲンメル・R. V. ディードンク，白井義男監修・平林祥訳 (2004)，
 『サービス・マネジメント［上］―統合的アプローチ―』ピアソン・エデュケーシ
 ョン。

上原征彦 (1999)，『マーケティング戦略論―実践パラダイムの再構築―』有斐閣。

和田充夫・恩蔵直人・三浦俊彦 (1996)，『マーケティング戦略』有斐閣。

《参考資料》

内閣府 (2014)「サービス産業の生産性」
内閣府 (2019)「国民生活に関する世論調査」

12
マーケティングと組織

12.1 組織階層とマーケティング

マーケティング意思決定と階層性

　本章では，**3章**で述べたマーケティング戦略と企業における組織との関わりについて取り上げる。

　マーケティング戦略は，企業の経営戦略の下位に位置づけられる戦略なのであろうか。確かに，生産戦略，研究開発戦略，財務戦略，人事戦略などと戦略サブシステムとしてマーケティング戦略を位置づける経営戦略論もある。

　経営に関する意思決定は，経営組織の有する階層性に着目し，トップ・マネジメントの行う企業の方向性を規定するような戦略的意思決定，その意思決定に従属するミドル・マネジメントの管理的意思決定，さらには日常的な業務的意思決定に区別されてきた。

　経営戦略は，事業領域を決定するような企業戦略と，定められた事業領域の中で競争優位を確保するための事業戦略，そして各職能別の機能戦略といった階層性が存在する。企業レベルで全体の方向づけがなされ，各事業への資源配分が決定される。事業レベルでは，事業単位での資源配分を決定し，さらに製品レベルの具体的な目的達成のための戦略が策定され，各職能別の役割が明確化される。しかし，いずれも相対的な概念である。

　製品レベルの計画が事業全体に影響を及ぼし，企業の命運を左右することも

表 12-1　組織階層とマーケティング意思決定

組織階層	マーケティング戦略の類型	意思決定の種類	課　題
トップ・マネジメント	戦略的マーケティング	戦略的意思決定	経営戦略への統合
ミドル・マネジメント	マネジリアル・マーケティング	管理的意思決定	各機能要素の調整による統一
ロワー・マネジメント	マーケティング機能要素戦略	業務的意思決定	各要素の効果的実現

ある。財務や労務の職能戦略は，各レベルの戦略と同時に遂行されるため，いずれの失敗も致命的になることがある。一方で，新規事業の企業戦略でも規模の小さなとるに足らない戦略がある。

　マーケティングにも意思決定の階層性がある（**表 12-1**）。トップ・マネジメントがなすべき戦略的意思決定，ミドル・マネジメントが関与する管理的意思決定，そしてロワー・マネジメントの関わる日常的な意思決定である業務的意思決定がある。あるいは，企業戦略に関わるマーケティング，事業戦略に関わるマーケティング，そして機能戦略としてのマーケティングがある。日常的な販売促進活動は1つの職能部門の機能戦略であるが，製品の決定やその価格決定などは事業全体に関わる事業戦略である。

　こうしたマーケティングの階層性は，マーケティングの定義そのものとも関わっている。マーケティングは，製品が過剰になり需要が不足すると必要性を感じるが，インフレの進行や物不足が顕著になる好景気には財務や購買，生産などの機能が重視されてきた。しかし，今日のマーケティングは，購買，生産，人事，財務，研究開発などの諸機能を統合するものとなり，トップ・マネジメントからラインの末端までがマーケティングの重要性を認識する時代になった。作ったものを単に販売する一つの機能要素戦略としてのマーケティング戦略だけではなく，顧客志向に立ったマネジリアル・マーケティングはミドル・マネジメントとして，そしてこれを超えて，企業を取り巻く経営環境全体における変化に対応する戦略的マーケティングはトップ・マネジメントの経営戦略としてのマーケティングである。

12.2　マーケティング組織

マーケティング組織とは

　「マーケティング組織（marketing organization）」とは，マーケティング諸活動が全体として機能するために，マーケティングにおける諸活動間での調整，統合が効果的かつ効率的になされるように組織化された仕組みである。そのためマーケティング・プランニングを達成するためには，マーケティング業務を効果的かつ効率的に遂行し，最大効果を獲得できるようなマーケティング組織を設計・編成することが重要である。マーケティング組織の編成に際しては，マーケティング目的，マーケティング戦略，製品の性質，市場状況，競合環境など，様々な要件を考慮しなければならない。

マーケティング組織の基本形態

　マーケティング組織は多様な形態が存在する。しかしながら，マーケティング組織には，大別して2つの基本形態があり，今日のマーケティング組織では，これらの基本形態を組み合わせることにより設計，編成される。すなわち，マーケティング組織における基本形態とは，「職能別組織」と「市場別組織」である（**図12-1**）。

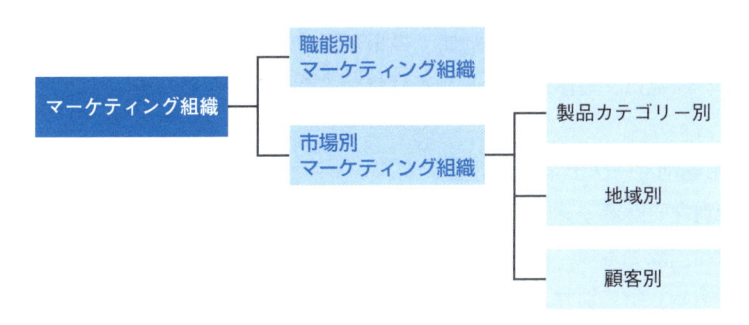

図12-1　マーケティング組織の基本形態

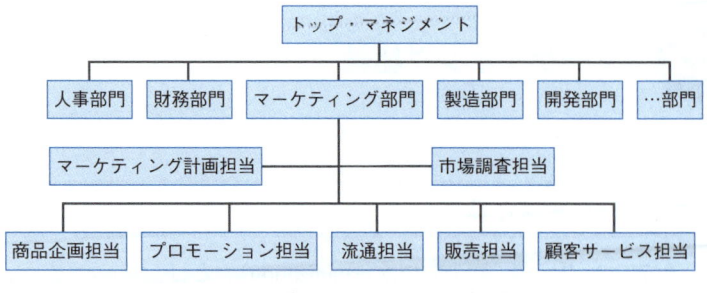

図12-2　職能別マーケティング組織

【1】　職能別マーケティング組織

　マーケティング組織は，市場調査，製品開発，広告・販売促進，流通管理，営業・販売といった担当業務もしくは職能別に分割することができる。このような職能に基づき分割され，編成された組織を**職能別マーケティング組織**という（**図12-2**）。職能別マーケティング組織には，主に以下の利点があげられる。

① 　組織内での業務重複の排除

② 　各職能の専門化

③ 　各職能の規模の経済性

　こうした職能別マーケティング組織の適用が可能となるのは，製品ラインの数が少なく，顧客のニーズが安定している場合である。こうした場合，企業が策定・遂行・管理するマーケティング・プログラムは限られており，各職能部門は専門性や規模の経済性を追究することにより，混乱することなく，マネジメントすることができる。逆に，取り扱う製品ラインが多く，顧客ニーズの多様性や変動性が高い場合，策定・遂行・管理するマーケティング・プログラムが多岐，多数となり，各諸活動間での相互調整が不可欠であり，職能別マーケティング組織は，当該調整に関わる負荷が大きくなるため，適さないとされる。

【2】　市場別マーケティング組織

　職能別マーケティング組織の適用限界への解決策として設計・編成されたのが，製品，販売地域，顧客といった対象市場に基づいた**市場別マーケティング組織**である。市場別マーケティング組織は，主に以下の組織に大別される。

① 　製品カテゴリー別マーケティング組織

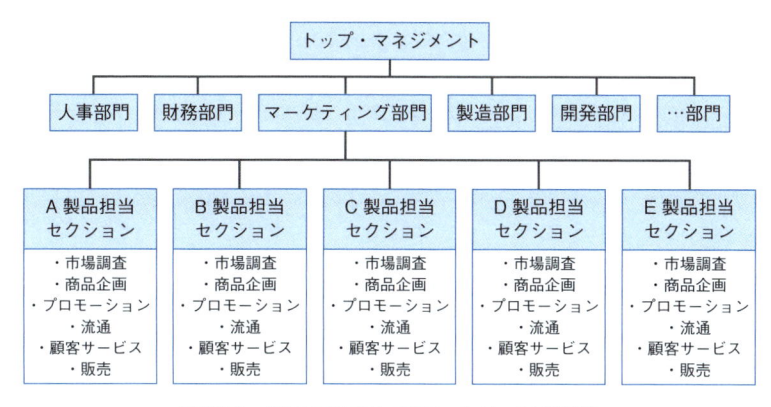

図 12-3　製品カテゴリー別マーケティング組織

② 　地域別マーケティング組織

③ 　顧客別マーケティング組織

製品カテゴリー別マーケティング組織（**図 12-3**）とは，マーケティング部門における担当業務を製品または製品カテゴリー別に分化し，それぞれを担当する組織単位を編成し，各組織単位にマーケティング業務を委ねた組織である。このように，製品カテゴリーごとに担当部署を定め，当該部署にその製品カテゴリーのマーケティングに関する責任を全て委ねることにより，専門化の恩恵が得られる。一方で，マーケティング業務が重複し，管理費が増加する可能性が考えられる。

地域別マーケティング組織（**図 12-4**）とは，市場を地域別に分割し，各地域におけるマーケティングを担当する組織単位を設け，これら地域別組織単位にマーケティング業務を委ねた組織である。当該組織においては，各地域の責任者が，担当地域の特性に留意し，担当地域のマーケティング課題をより効率的に解決することができ，各地域での積極的な市場開拓が可能となる。一方で，各地域担当間の調整が不十分である場合，全体における基本政策との矛盾が生じる場合がある。

顧客別マーケティング組織（**図 12-5**）とは，マーケティング部門における担当業務を顧客または顧客グループ別に分化し，それぞれを担当する組織単位を編成し，各組織担当にマーケティング業務を委ねた組織である。当該組織においては，各顧客または顧客グループに適したマーケティング政策が策定・遂

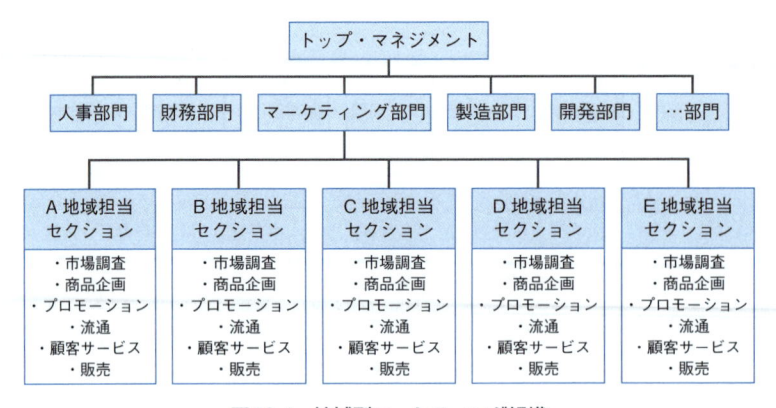

図 12-4　地域別マーケティング組織

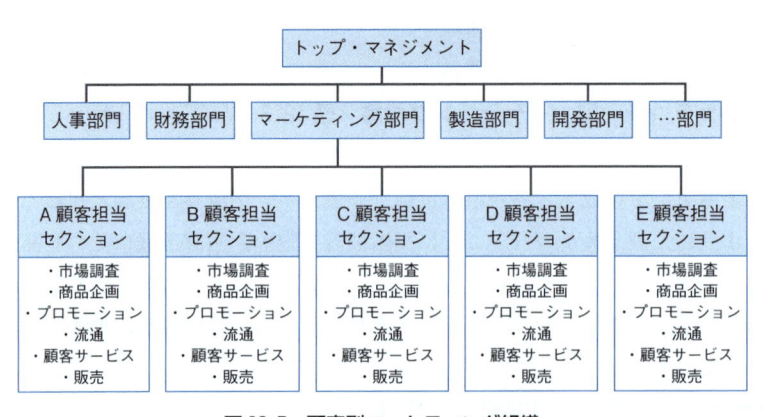

図 12-5　顧客別マーケティング組織

行・管理され，各顧客または顧客グループに対して，専門的なマーケティング要員が配置される。しかしながら，こうした組織形態では，マーケティング業務が重複し，管理費が増加する可能性があるため，特定の顧客に対する売上高が相当に大きく，顧客によりマーケティング課題が異なるような場合に適用される。

【3】　職能別組織と市場別組織

　実際のマーケティング組織の設計・編成に際しては，職能別組織と市場別組織という 2 つの基本形態を組み合わせることにより，組織設計・編成がなされ

なければならない。すなわち，職能別組織が有する専門化の恩恵と市場別組織が有する統合化の恩恵を二者択一ではなく，これらマーケティング組織の2つの基本形を巧みに組み合わせることで，両者が有する長所を享受し，短所を補い合うような組織を構築することが重要である。

事業部制組織

次に市場別組織として代表的組織形態である事業部制組織（図 12-6）について説明する。事業部制組織とは，製品，地域，顧客を枠組みとして，事業部という組織単位を設置し，この中に，市場調査，製品開発，広告・販売促進，流通管理，営業・販売といったマーケティングに関連する職能に加えて，製造，調達に至るまで関連する全ての職能を配置した自己完結化された組織である。事業部制組織は，多くの企業で広く採用されており，その意味において，企業実態に合致したバランスのよい組織構造といえる。

しかしながら，事業部制組織にも，主に以下の短所が存在する。

① 業務の専門化への弊害
② 重複や不整合など最適な経営資源分配への弊害
③ 事業の枠組みの変化をもたらすような環境変化への臨機応変な対応への弊害

このように，事業部制組織では，マーケティング業務の統合化を遂行するには，強みを発揮するが，専門化の追究には弱みがある。また事業の枠組みが長期間安定している場合には，適しているが，事業の枠組み自体を変更したい場合には，その自己完結性ゆえに困難を伴うという弊害が存在する。

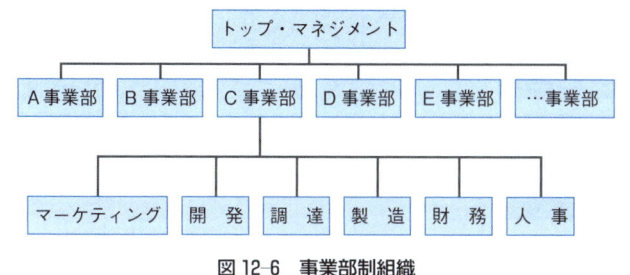

図 12-6　事業部制組織

このようなトレードオフ関係への対応をする組織構造として提起されてきたのが，マーケティング組織における**プロダクト・マネジャー制度**，もしくは，**ブランド・マネジャー制度**である。

プロダクト・マネジャー制度／ブランド・マネジャー制度

　プロダクト・マネジャー制度とは，特定の製品の責任者が，市場調査，製品開発，広告・販売促進，流通管理，営業・販売といったマーケティングに関連する職能，さらに製造，調達，会計・財務，人事などの社内各部門や調査会社，広告会社，マーケティング支援会社などの社外協力者との調整を実施し，当該製品に関する全体的業務遂行を統括するとする制度であり，職能別組織に横串を通すような組織構造である。

　また，特定の製品カテゴリーごとではなく，特定のブランドごとに責任者を設置する組織構造は，ブランド・マネジャー制度と呼ばれる。

　プロダクト・マネジャー／ブランド・マネジャーの役割は，担当製品もしくはブランドの価値の維持と向上，社内外に有するマーケティング資源の有効な活用，マーケティング・ミックスの管理など，担当製品もしくはブランドに関する全ての責任を負うものである（**図12-7**）。

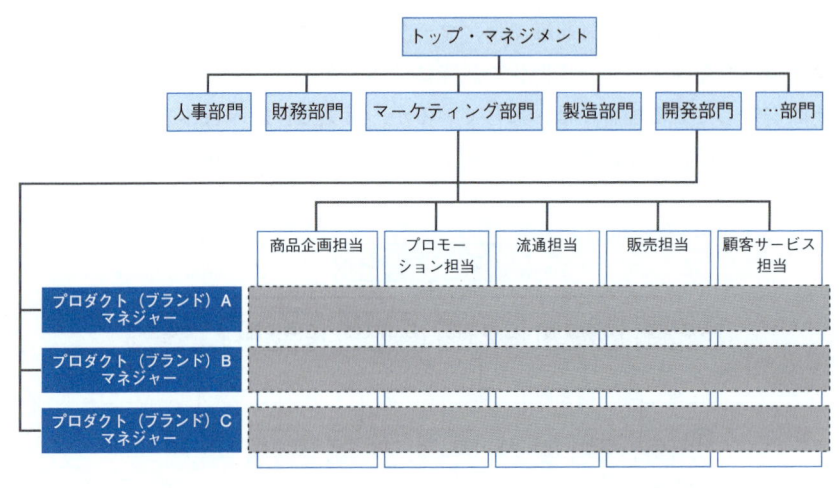

図12-7　**プロダクト・マネジャー／ブランド・マネジャー制組織**

インターナル・マーケティングとは

「**インターナル・マーケティング**（internal marketing）」とは，主としてサービス業において，従業員が提供するサービスの品質をマネジメントするために**組織が従業員に対して行うマーケティング**であり，サービス・マーケティング分野で注目されてきた（**図 12–8**）。

マーケティングとは，顧客や消費者といった企業の外部に対して行われるものであると一般に考えられているが，そうした外部へのマーケティング（エクスターナル・マーケティング：external marketing）と区別し，企業や組織の内部に存在する従業員に対して行うマーケティングをインターナル・マーケティングと呼んでいる。

インターナル・マーケティングの背景にある考え方は，2つに大別される。一つは，リレーションシップ・マーケティングに代表されるような，**顧客との相互作用**を重視し，継続的かつ良好な関係を構築，維持することが重要であり，そのために組織内部の従業員全体に対して，顧客志向などのマーケティング思考を普及，共有させていくというものである。

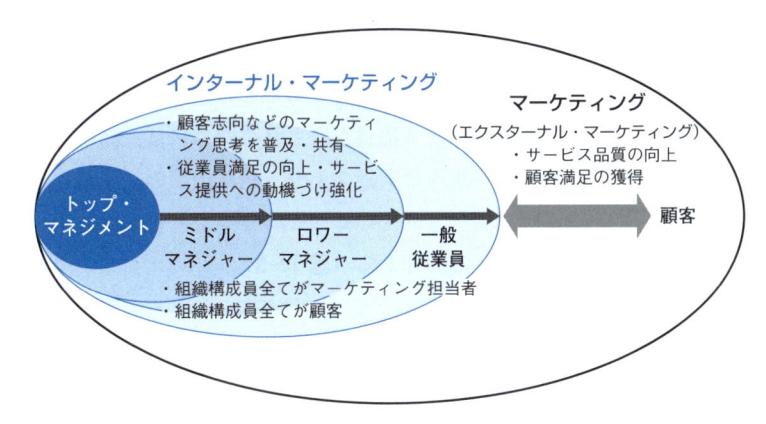

図 12–8　インターナル・マーケティングとマーケティング

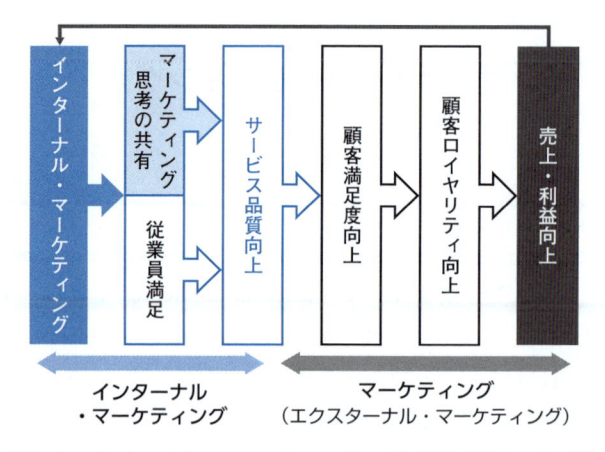

図12–9 インターナル・マーケティングによる従業員満足と顧客満足

　もう一つは，効果的にサービスを提供するためには，従業員満足こそが重要であるとする考え方である。顧客への提供物であるサービスが，従業員により創り出されているため，従業員と顧客との接点（サービス・エンカウンター）で，顧客に知覚されるのは，従業員の態度や行動である。すなわち，従業員自身がサービス提供への動機づけが低い場合，提供されるサービスの品質が低下することが予想される。提供物であるサービスの品質を高めるためには，従業員の満足度を高め，サービス提供への動機づけを高めることが必要である。そのためには，従業員に向けたマーケティング活動を展開しなければならないのである。

　これら2つの考え方は，前者は組織内部の全員がマーケティング担当者であるとの考え方，後者は組織内部の全員が顧客であるとの考え方と違いはあるものの，顧客に対して効果的なサービス提供がなされるためには，組織内部のマネジメントが重要であるという視点は共通であり，組織内部の従業員に対して，いかにマーケティング活動に関与させていくかという点で，インターナル・マーケティングが重要とされているのである（**図12–9**）。

インターナル・マーケティングとマーケティング組織

　こうしたインターナル・マーケティングは，サービス業ばかりではなく，有

形財を扱う企業のマーケティングにとっても有益な示唆を与えるものである。なぜなら，従来のマーケティング活動の領域は市場環境を中心とした組織外部に対しての接近方法として位置づけられていたが，インターナル・マーケティングの登場により，企業のマーケティング諸活動は組織の活性化や組織構造などの経営組織論的な領域まで範囲に入れて検討されるべきものであることが見出されたからである。

インターナル・マーケティングの理念はマーケティングと経営組織研究の接点を拡充する発想として今後研究の深耕が望まれる分野と位置づけることができる。マーケティング組織の研究をさらに展開していく上で，インターナル・マーケティングの発想は，従来の伝統的なマーケティング組織の発想に対して新たな視点を与える要素を含んだものとして位置づけることができる。

《参考文献》

有馬賢治 (2006)，『マーケティング・ブレンド─戦略手段管理の新視角─』白桃書房。

有馬賢治 (2004)，「マーケティング組織のパースペクティブ」『立教経済学研究』58 (2)，1-20。

池尾恭一・青木幸弘・南知惠子・井上哲浩 (2010)，『マーケティング』有斐閣。

菊池宏之編 (2015)，『現代マーケティング入門』同文舘出版。

木村達也 (2007)，『インターナル・マーケティング─内部組織へのマーケティング・アプローチ─』中央経済社。

小宮路雅博編 (2012)，『サービス・マーケティング』創成社。

近藤隆雄 (2010)，『サービス・マーケティング［第2版］─サービス商品の開発と顧客価値の創造─』生産性出版。

宮澤永光 (1995)，『基本 マーケティング』白桃書房。

野中郁次郎・陸正 (1987)，『マーケティング組織─その革新と情報創造─』誠文堂新光社。

沼上幹 (2008)，『わかりやすいマーケティング戦略［新版］』有斐閣。

和田充夫・恩蔵直人・三浦俊彦 (2012)，『マーケティング戦略［第4版］』有斐閣。

山本昭二 (2007)，『サービス・マーケティング入門』日本経済新聞出版社。

13 インターネット・マーケティング

13.1 インターネットとマーケティング

インターネットの発展とマーケティング

　今日，「情報通信技術（information and communication technology：ICT）」の進化・発展によるインターネット空間の社会全体への拡張および浸透は，マーケティングに大きな影響をもたらしている。

　従来は，様々な情報について，その量，質，手段ともに，圧倒的に企業が消費者に比べ多くを所有しており，両者の間には情報の非対称性が存在していた。

　しかし，インターネットの出現に代表される ICT の革新によって，消費者は自身が欲する製品・サービスに関して，各企業のウェブサイトから簡単に製品・サービスに関する情報を収集することが可能になった。また，価格比較サイトにアクセスすれば，各販売店における現在の実売価格も比較検討できるようになった。さらに，ブログ・サイトや SNS（social networking service）といった CGM（consumer generated media：消費者発信型メディア）やソーシャル・メディアなどの消費者間ネットワークの進展によって，製品，サービスの使用感，満足・不満足といった，いわゆる，評価情報を発信，共有できるようになった。このような情報が，多くの消費者の購買行動，意思決定に対して，大きな影響を及ぼすようになってきたのである（**図 13–1**）。

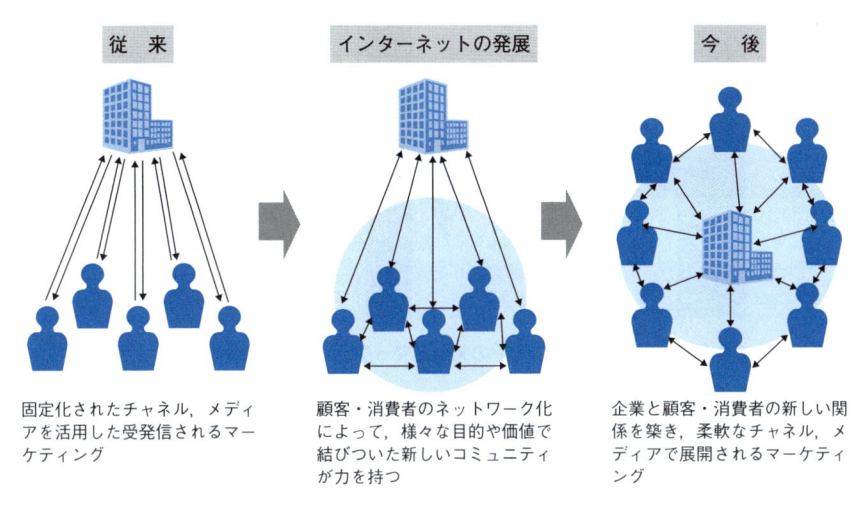

従　来	インターネットの発展	今　後
固定化されたチャネル，メディアを活用した受発信されるマーケティング	顧客・消費者のネットワーク化によって，様々な目的や価値で結びついた新しいコミュニティが力を持つ	企業と顧客・消費者の新しい関係を築き，柔軟なチャネル，メディアで展開されるマーケティング

図13-1　インターネットの発展とマーケティングの変化

競争優位の源泉としてのカスタマー・コンピタンス

　競争優位の源泉として，こうした消費者・顧客の存在を重視し，これを「**カスタマー・コンピタンス**（customer competence：顧客を魅了する能力)」とし，企業は顧客との対話を通じて，顧客とともに価値を創造し競争優位を構築するべきであるとする**カスタマー・コンピタンス・マーケティング**やマーケティング諸活動に消費者・顧客に参画してもらう仕組み作りを提唱する**協働マーケティング**も提起されている。

　インターネットの普及・革新により，消費者，すなわち広義の顧客が，製品・サービスの提供者や企業と積極的に対話するケースが増えてきている。しかも，この対話の主導権を握っているのは，今日では企業ではなく消費者自身となってきている。

　たとえば，あるパソコンのオペレーティング・システム（OS）の開発において，その β 版（開発途上版）の公開に際して，世界65万人以上の顧客が試用に参加し，当該OSの機能について改善点が提供され，開発企業が顧客からの改善提案を踏まえて，開発に活かすことで，出荷時にはより良い製品になったとされる事例も報告されている。

　このように消費者の技術や提案，ニーズを企業内にインターネットを介して，

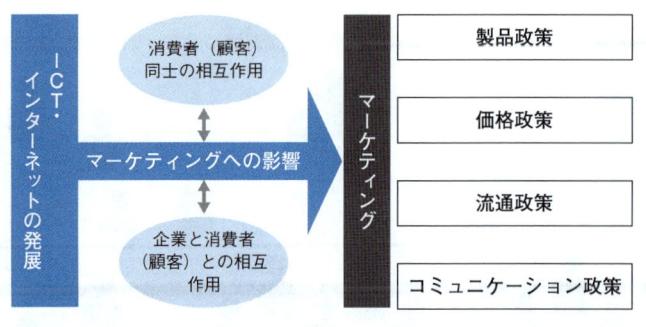

図 13-2　インターネットの発展とマーケティング政策への影響

直接的に取り込むことが可能となり，情報の非対称性が解消され，消費者がもはやマーケティング活動の客体ではなく，企業と対等な立場で対話し，共創する存在となってきている。こうした視点はマーケティング諸活動にとって，不可欠なものとなってきた。

　こうした背景から，マーケティング戦略の策定・遂行・管理に際し，このようなカスタマー・コンピタンスを活用するためには，顧客との対話を通じた顧客を取り込むための企業側の組織的な姿勢，解釈力，情報の理解力が求められると考えられる。

　さらにその前提として，インターネットに代表される ICT の革新により，つながった存在として消費者・顧客を捉え，理解する必要がある。インターネット上において，消費者自身がソーシャル・メディアにより発信・共有を繰り返し，こうした消費者が形成するコミュニティとの関係をマネジメントしていくことがマーケティングにおいて重要なテーマとなってきている。

　次節では，インターネットのマーケティングへの影響，主としてインターネットの発展・普及に起因する企業＝消費者間，消費者＝消費者間での相互作用が，マーケティング・ミックスの各政策（製品政策，価格政策，流通政策，コミュニケーション政策）へ与えた影響について説明する（**図 13-2**）。

製品政策への影響

インターネットの発展・普及，さらにはブログ・サイトやSNSといったCGMやソーシャル・メディアなどの消費者間や企業と消費者間のネットワーク化の進展や消費者同士や企業と消費者との間のコミュニティの形成は，製品政策にも大きな影響を与えている。

たとえば，こうして形成された消費者同士や企業と消費者との間の関係やコミュニティを活用して，消費者・顧客を製品開発プロセスに参加させる事例も出てきている。

従来型の製品開発プロセスにおいては，アイデア創出から製品化に至るプロセス全体は，基本的には企業内に閉じられた活動であり，消費者・顧客との関係では，その都度，企業側が設定した仮説に基づいた市場調査の遂行を介しての間接的な参加にとどめられていた。

一方，インターネットの発展・普及の結果もたらされた消費者・顧客参加型製品開発では，アイデア創出から製品化に至るプロセス全体が，企業と消費

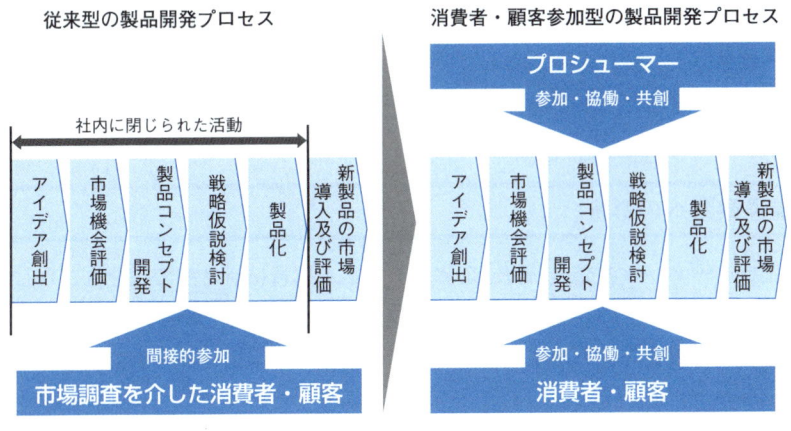

図13-3 インターネットによる製品政策への影響

者・顧客の間で共有され，消費者・顧客の主体的な参加を促進し，両者の協働・共創が実現されている。加えて，当該プロセスにおいて，企業・組織内部においても，いわゆる開発担当者や開発部署だけが関与するのではなく，専門的な高い知識を有する顧客（**プロシューマー**：consumer と producer を組み合わせた造語）の参加が促進され，企業と消費者・顧客との相互作用による，これまでにない新しい製品開発の方法が創出されている（**図 13-3**）。

価格政策への影響

10 章 10.3 で説明したように，価格設定に関しては，コストに一定の利益を加算し価格決定する費用重視型，需要に応じて価格決定する需要重視型，競合他社の動向に配慮し価格決定する競争重視型に大きく分けられる。インターネットの発展・普及は，企業によりいずれかの方法もしくは，当該方法の組合せにより設定された価格に対する消費者・顧客の価格感度を敏感なものへと変容させている。

こうした現象の背景には，**価格比較サイト**の登場がある。これまで，競合製品の価格を消費者・顧客が入手したい場合，自ら販売店を見て回らなければならなかったが，価格比較サイトの登場により，非常に多くの製品・サービスについて，価格比較サイトへアクセスすれば，その競合製品・サービスの価格比較が容易にできるようになった。このようにインターネットを介して，消費者・顧客が，価格情報について容易に入手可能となることにより，消費者・顧客の価格感度へ変化をもたらしている。今後の価格政策については，こうした状況に対応することが不可欠となってきている。

流通政策への影響

インターネットの発展・普及は，流通チャネル構造に対して変化をもたらした。

インターネットの登場以前から，卸売業者や小売業者といった流通業者は，製造業者と消費者との間で，自ら所有する情報の活用により，需給調整を実施してきた。

インターネットの発展・普及により，企業・組織や取引関係を越えてオープ

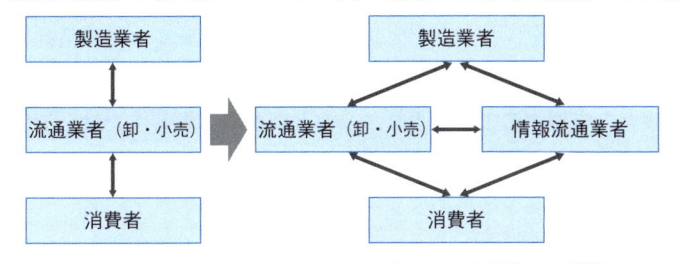

従来型の流通チャネル構造　　インターネットの発展・普及による流通チャネル構造

図 13-4　インターネットによる流通チャネル構造への影響

ンかつ詳細な需給情報に対して，誰もがアクセスすることができるようになった。こうした状況により，当該情報のみを取り扱う**情報流通業者**（たとえば，価格比較や製品・サービス評価サイト，ポイントカード運営会社による購買情報の分析・提供サービスなど）が登場してきた。こうした情報流通業者は，消費者・顧客を含めた全ての流通チャネル構成員に対して，需給情報を提供し，効率化を実現している。

　このように，インターネット・マーケティングにおける流通政策において，情報流通業者という商流も物流も伴わない流通チャネルメンバーの存在を勘案することが不可欠となってきている（**図 13-4**）。

コミュニケーション政策への影響

　インターネットの発展・普及は，マーケティング・コミュニケーション政策に対して，非常に大きな影響をもたらしている。

　一つは，広告メディアとしてのインターネット広告市場の拡大である。マーケティング・コミュニケーション政策の中核である広告政策は，従来，マス4媒体と称されるテレビ，新聞，雑誌，ラジオを中心に計画されてきた。インターネットの発展・普及に伴い，広告媒体としてのインターネットを無視することができなくなり，**インターネット広告市場**の成長・拡大とともに，その重要度は増している。特にインターネットの特徴の「一つである相互作用性を活用したブログ・サイトや SNS といった **CGM** や**ソーシャル・メディア**に代表される，様々なメディアの特性を発揮させる新たなマーケティング・コミュニケーション戦略の枠組みが必要となっている。

加えて，ソーシャル・メディアをプラットフォームとして，それぞれがつながった消費者・顧客を，マーケティング・コミュニケーション諸活動に巻き込むと同時に，マス媒体広告や従来型のマーケティング・コミュニケーション諸活動との融合を実現することにより，企業と消費者・顧客または，消費者・顧客同士のつながりをさらに一層拡張・深化させていく全体的なマーケティング・コミュニケーション戦略のフレームワークが求められている。

　もう一つは，インターネットの発展・普及がもたらした膨大な情流通量の拡大を背景とした情報の受け手である消費者・顧客への情報負荷の拡大である。こうした状況により，消費者・顧客は，その情報認知能力および情報処理能力に関して，認知限界に達してしまっている。

　そこで，クチコミに代表されるインターパーソナルなコミュニケーションを介した情報が，ますます重要視され，購買行動に対しても大きな影響力を有する，といった状況がもたらされている（**図13-5**）。

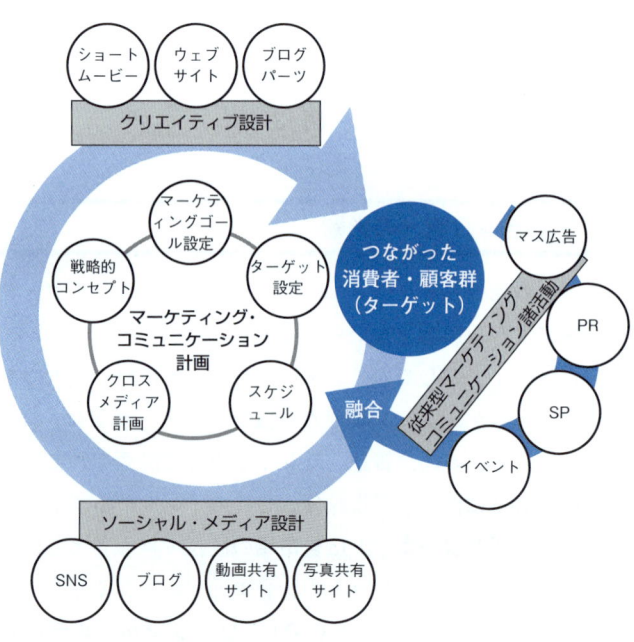

図13-5　インターネットとマーケティング・コミュニケーション

こうした文脈において，マーケティング・コミュニケーション戦略には，多様化するメディア特性を適切に発揮させ，情報量の爆発的増大がもたらす情報負荷による消費者・顧客の認知限界状況の克服を組み込む方向が，より一層求められていくであろう。

次節では，インターネット・マーケティングの諸相について，いくつかのキーワードをもとに紹介する。

13.3 インターネット・マーケティングの諸相

AISAS

1920年代に提唱された消費者行動プロセスとして，一般的に有名な **AIDMA**（Attention：注意，Interest：関心，Desire：欲求，Memory：記憶，Action：行動）に対して，**AISAS** とは，電通により提唱され，商標登録（商標登録番号第4874525号）された消費者行動の流れに関するフレームワークである。

AISAS は「Attention：注意」「Interest：関心」「Search：検索」「Action：行動」「Share：共有」の5つの段階により**インターネット時代の消費者行動のフレームワーク**が説明されたものである（**図 13-6**）。

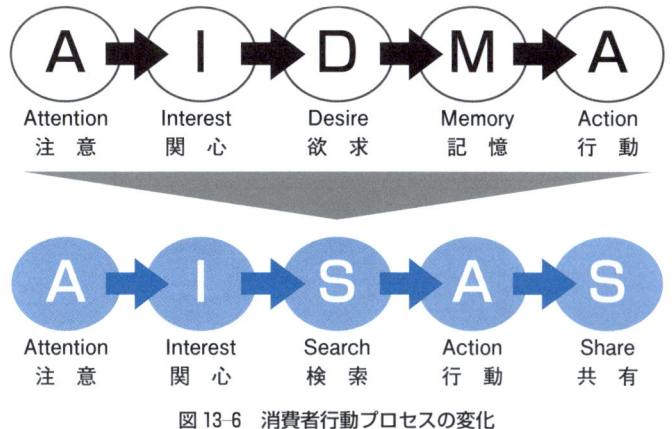

図 13-6 消費者行動プロセスの変化

サーチエンジン・マーケティング

検索エンジンから自社のウェブサイトへのアクセスを増やすためのマーケティング手法が，「**サーチエンジン・マーケティング**（search engine marketing：**SEM**）」である。SEM は，検索キーワードに連動した広告表示や検索エンジン最適化（search engine optimization：**SEO**）により，総合的に自社ウェブサイトへのアクセスを増やすための方法である。SEO は，検索エンジンを使用した際の，検索結果の表示順が上位となることを目的として，各検索エンジンのアルゴリズム（表示順位を決定するロジック）へ対応することによりなされる。

具体的には，ウェブサイト内容の適切かつ定期的な更新，外部からの被リンクの増加などを通して，特定の検索ワードにおける検索結果表示順位が上位に表示されることを目的に行われるが，検索エンジンアルゴリズムは，常に高度化され，非公開であるため，ウェブサイト運営者においては継続的な計画・実行・検証・修正といった PDCA サイクルが求められる（**図 13–7**）。

こうした手法が注目されるのは，検索結果は，一般的に広告エリアに表示される広告よりもユーザーからのクリック率が高く，さらに，検索結果の表示順位が上位であるほど，当該クリック率が高くなる傾向にあるためである。このことにより，自社ウェブサイトへ多くの訪問を獲得することができる。

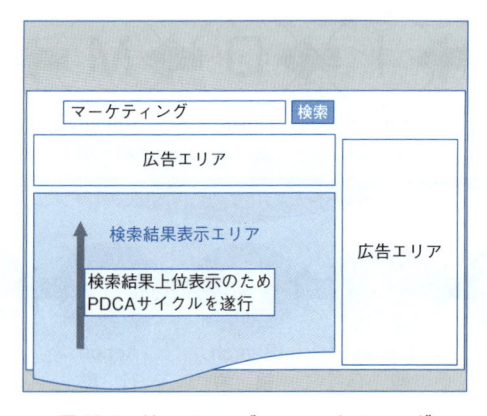

図 13–7　サーチエンジン・マーケティング

「バズ・マーケティング（buzz marketing）」や「バイラル・マーケティング（viral marketing）」とは，どちらも共通して，自社の製品・サービスを利用した消費者・顧客もしくは，マーケティング・コミュニケーション諸活動自体に接したユーザーによる友人などへの紹介を促進することを目的にしたマーケティング手法である。これらは，主としてインターネット上のクチコミを発生させ自社の製品・サービスに関する魅力を多くの消費者に伝えることで，自社の製品・サービスへの認知・関心，さらには購買を促進させることを意図したものである（**図13-8**）。

バズ・マーケティングのバズ（buzz）とは，本来ハチの羽音を示す表現であったが，それが転じて，製品・サービスなどについてのうわさや話題でざわめいている状態を表す言葉として使われる。この言葉が示すように，バズ・マーケティングの中心課題は，自社の製品・サービスなどについての話題性の最大化である。

バイラル・マーケティングのバイラル（viral）とは，「ウイルス性の」という表現であり，ウイルスが感染・拡散していく様子に重ねて使用されている。この言葉が示すように，バイラル・マーケティングの中心課題は，自社の製品・サービスなどについてのクチコミ拡散の仕組み設計である。

「アンバサダー・マーケティング（ambassador marketing）」も上記2つの手法と同様に，消費者間のコミュニケーションを介して製品・サービスなどにつ

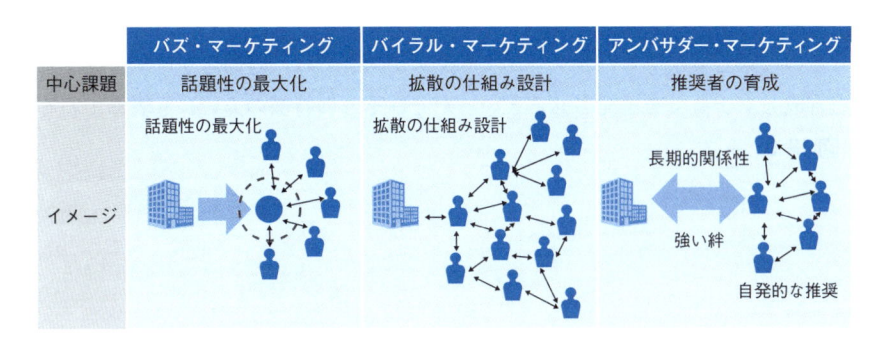

図13-8　消費者間のコミュニケーションを活用したマーケティング

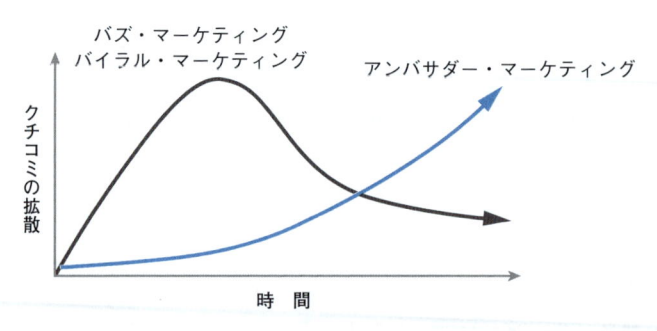

図 13-9　クチコミの拡散とマーケティング

いての情報や魅力を多くの消費者に伝えることで，自社の製品・サービスへの認知・関心，さらには購買を促進させることを意図したマーケティング手法である。

　アンバサダー・マーケティングのアンバサダー（ambassador）とは，本来「大使」を示す言葉であるが，自社の製品・サービス，さらには，ブランド，企業自体に肯定的感情を有し，満足度の高い顧客，さらにいえば，そうした顧客の中で，自らすすんで，他の消費者へ推奨活動のリーダーシップをとる支援者を指す言葉として使用されている。この言葉が示すように，アンバサダー・マーケティングの中心課題は，こうしたアンバサダーの育成である。企業は，長期間にわたり，顧客のロイヤリティを強化し，強い関係性を構築することによって，企業の利益に貢献してくれる長期的な顧客を育成するプログラムの設計と提供である。

　これら3つのマーケティング手法による中心課題の違いは，バズ・マーケティングやバイラル・マーケティングは，話題を喚起し一気にクチコミを拡散させるのに対して，アンバサダー・マーケティングでは，時間をかけて，推奨者を育成しクチコミを誘発させるといったそれぞれの特徴の違いにも表れている（**図 13-9**）。

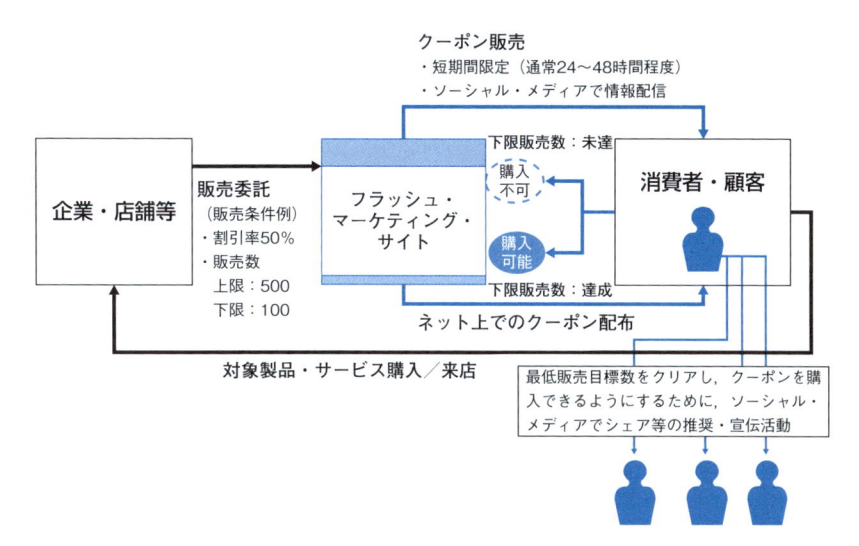

図 13-10　フラッシュ・マーケティングの仕組み

フラッシュ・マーケティング

　「フラッシュ・マーケティング（flash marketing）」とは，短時間，短期間で製品・サービスを販売完了する手法である。

　この手法では，決められた時間内（通常 24 時間から 48 時間程度）にあらかじめ決められた数量の注文（最低販売目標数）が入れば，取引が成立するが，最低販売目標数に達しなかった場合，取引は不成立となる。

　大量販売によるコストダウンや在庫処分を背景として，安価な価格設定や，クーポン発行事業者が運営するフラッシュ・マーケティング・サイトなどでの，大幅な割引（50 % などの割引）クーポン販売を介して行われており，効果的な宣伝効果，集客効果，販売促進効果が獲得できると注目も集めている。また，見込み客への市場調査など今後のマーケティング活動のために活用される場合もある（図 13-10）。

オムニ・チャネル

　9章で解説したように「オムニ・チャネル（omni channel）」とは，全ての

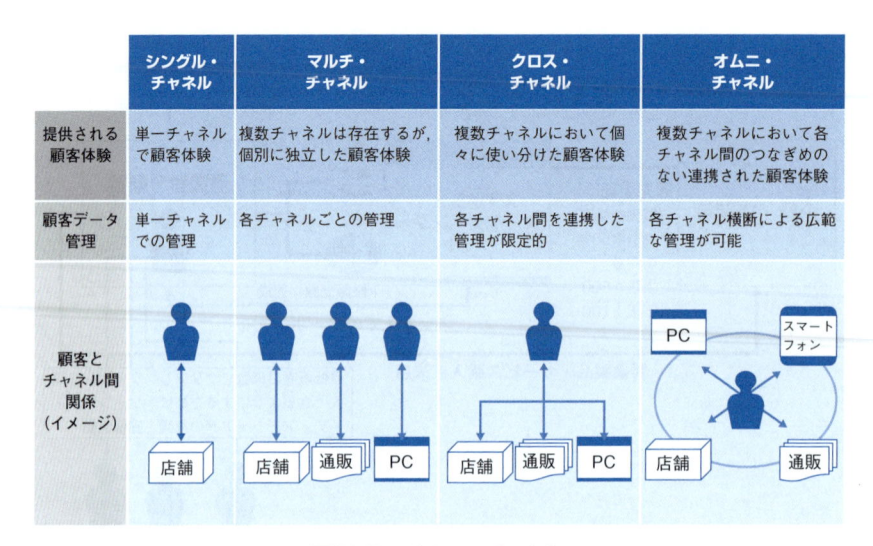

	シングル・チャネル	マルチ・チャネル	クロス・チャネル	オムニ・チャネル
提供される顧客体験	単一チャネルで顧客体験	複数チャネルは存在するが，個別に独立した顧客体験	複数チャネルにおいて個々に使い分けた顧客体験	複数チャネルにおいて各チャネル間のつなぎめのない連携された顧客体験
顧客データ管理	単一チャネルでの管理	各チャネルごとの管理	各チャネル間を連携した管理が限定的	各チャネル横断による広範な管理が可能
顧客とチャネル間関係（イメージ）				

図 13-11 オムニ・チャネル

顧客接点を通じて，消費者・顧客に対して，各流通チャネル間での切れ目のない顧客体験を提供することであるが，ここでは，インターネット・マーケティングの文脈から解説する（**図 13-11**）。

複数の顧客接点の活用に関しては，これまでも**マルチ・チャネル**や**クロス・チャネル**という用語が使用されてきた。マルチ・チャネルでは，店舗，通信販売，ネット店舗など複数のチャネルで顧客接点を有しているが，購買履歴をはじめ各種の顧客データ管理は，各チャネルで個別に管理しているため，提供される顧客体験内容もチャネルごとに異なっている。他方，クロス・チャネルでは，ネット店舗や通信販売で注文を行い，実際の店舗で注文した商品を受け取るなど，顧客は複数チャネルを使い分けることができるようになったが，顧客データ管理については，各チャネルを越えての連携は限定的であった。

これに対して，オムニ・チャネルでは，提供される顧客体験はもとより，顧客データ管理においても全てのチャネルをまたがって融合しており，顧客は，いずれのチャネルを使用しているかを意識せずに買い物やサービス提供を受けることができる。

ショールーミング

「ショールーミング（showrooming）」とは，商品の購入検討段階においては，実際の店舗に出向いて，実際の商品現物を下見し確認はするが，当該実店舗では対象商品を購入せずに，ネット店舗などの EC で商品購入をする消費行動形態のことである。

インターネットの発展・普及が，価格比較サイト，ネット・オークションなどの出現・充実をもたらし，消費者は，より安価かつ簡便な購買チャネルを検索可能になった。こうした状況により，消費者にとって実店舗は商品のショールームの役割を果たす場所となり，実際の商品購入は，スマートフォンなどのモバイル端末を介して，価格などの各種情報を比較検討し，ネット店舗にて行うことも少なくない。

こうした傾向への対応として，実店舗側では，高い商品説明力を有した店舗スタッフの育成，独自サービスの提供など価格以外での競争力構築など，対抗する一方，こうした消費者の購買行動形態を前提に，EC サイトとの連携や自社ネット店舗の充実など，協調・連携する動きも促進されている。こうしたリアルとネットとの協調・連携による相乗効果獲得への行動は，前述のオムニ・チャネル化の進展とも符合するものである。

トリプルメディア

「トリプルメディア（triple media）」とは，「ペイドメディア（paid media）」，「オウンドメディア（owned media）」，「アーンドメディア（earned media）」の3つのメディアを指し，日本アドバタイザー協会により提唱された概念である。

ペイドメディアとは，マス4媒体，インターネット，屋外広告の有料広告メディアのことであり，オウンドメディアとは，自社で運営するウェブサイト，キャンペーンサイト，さらには，製品自体のパッケージや自社店舗などの自社でコントロールできるメディアのことである。さらに，アーンドメディアとは，信頼や評判を獲得するメディア，すなわち EC サイトやソーシャル・メディアなどのクチコミや評価レビューなどであり，自社ではコントロールできないメディアのことである。

これらの3つのメディアを組み合わせることで，マーケティング・コミュニケーション戦略をより効果的に遂行することが求められている。

ソーシャル・リスニング

　「ソーシャル・リスニング（social listening)」とは，ソーシャル・メディア上での会話や発言のデータ分析をもとに，流行の把握，自社のブランドや製品に対する評判を調査・分析をすることでマーケティング政策の改善を実施する手法である。

　ソーシャル・リスニングでは，製品・サービス利用への評価・感想の把握や広告などのマーケティング・コミュニケーション活動の効果測定など，従来型のマーケティング・リサーチに加えて，潜在的な消費者・顧客の声について把握することができる（**図13−12**)。

　加えて，最近では，ソーシャル・メディア上のデータにスマートフォンなどのモバイル端末からの位置情報，購買履歴などのデータを重ねることで，より

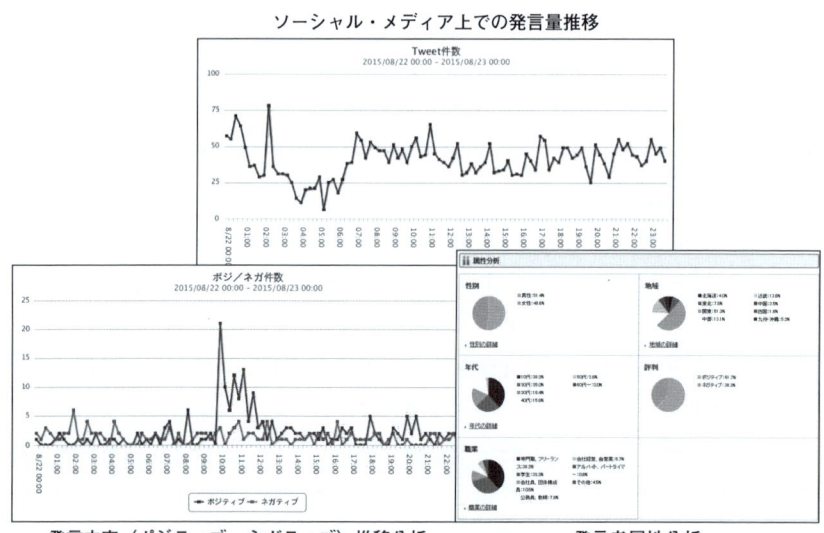

発言内容（ポジティブ・ネガティブ）推移分析　　　発言者属性分析

図13−12　ソーシャル・リスニング

（出所）　NTTコム　オンライン・マーケティング・ソリューション株式会社　「BuzzFinder」

重層的な消費者情報の分析が可能となり，今後のマーケティング活動への活用が期待されている。

《参考文献》

R. フュジェッタ，藤崎実監修・土方奈美訳 (2013)，『アンバサダーマーケティング—熱きファンを戦力に変える新戦略—』日経 BP 社。

S. ゴーディン，大橋禅太郎訳 (2001)，『バイラルマーケティング—アイディアバイルスを解き放て！—』翔泳社。

W. A. ハンソン，上原征彦監訳・長谷川真実訳 (2001)，『インターネット・マーケティングの原理と戦略』日本経済新聞社。

M. ヒューズ，依田卓巳訳 (2006)，『バズ・マーケティング—クチコミで注目を確実に集める 6 つの秘訣—』ダイヤモンド社。

池尾恭一・青木幸弘・南知惠子・井上哲浩 (2010)，『マーケティング』有斐閣。

池尾恭一編 (2003)，『ネット・コミュニティのマーケティング戦略—デジタル消費社会への戦略対応—』有斐閣。

井上哲浩・日本マーケティング・サイエンス学会編 (2007)，『Web マーケティングの科学—リサーチとネットワーク—』千倉書房。

石井淳蔵・厚美尚武編 (2002)，『インターネット社会のマーケティング—ネット・コミュニティのデザイン—』有斐閣。

石井淳蔵・水越康介編 (2006)，『仮想経験のデザイン—インターネット・マーケティングの新地平—』有斐閣。

菊池宏之編 (2015)，『現代マーケティング入門』同文舘出版。

C. K. プラハラード・V. ラマスワミ，有賀裕子訳 (2004)，『価値共創の未来へ—顧客と企業の Co-Creation—』武田ランダムハウスジャパン。

S. D. ラパポート，電通ソーシャルメディアラボ訳 (2012)，『リッスン・ファースト！—ソーシャルリスニングの教科書—』翔泳社。

斉藤徹 (2011)，『ソーシャル・シフト—これからの企業にとって一番大切なこと—』日本経済新聞出版社。

J. スターン，酒井泰介訳 (2011)，『実践ソーシャル・メディア・マーケティング—戦略・戦術・効果測定の新法則—』朝日新聞出版版。

K. ワータイム・I. フェンウィック，高広伯彦監修・伊東奈美子訳 (2009)，『次世代メディアマーケティング』ソフトバンククリエイティブ。

横山隆治 (2011)，『トリプルメディアマーケティング—ソーシャルメディア，自社メディア，広告の連携戦略—』インプレスジャパン。

14
グローバル・マーケティング

14.1　企業成長とグローバル・マーケティング

　国際的に企業活動を展開する企業といえば，かつては先進国に本社を有する巨大資本を持った「**多国籍企業**（multinational corporation：**MNC**）」が中心であった。しかしながら，冷戦終結以降の社会主義諸国の市場経済化や新興国の著しい伸長などによって近年市場が急速にグローバル化していく中で，発展途上国の企業やこれまで日本国内を中心に活動していた中小企業に至るまで，規模の大小，国籍，業種を問わずグローバルな事業展開を始めており，企業間の国際競争はますます激しさを増している。

　このような企業活動の急速な変化をもたらした背景には，交通・情報・通信システムの急速な発展によって文化・社会・政治・経済面における障壁が減少したことが理由として考えられる。具体的には，インターネットの普及により世界中の情報を瞬時に，しかも容易に手に入れることができるようになったこと，あるいは通信システムや電子ビジネスの進展によって企業における在庫管理，代金決済，資源調達，物流面などで迅速性や正確性が増したことがある。その結果，企業間での国境を越えたネットワークの構築が可能となりグローバルな取引に対応できるようになったためと考えられる。

　他方，企業がグローバル市場参入へ参入する際の障壁となっていた政府の規

制が緩和されたことや撤廃されたことにより，国をまたいだ企業間の提携や連携が活発化したこと，もしくは金融の国際化によってカネのグローバル化が進展したことも考えられる。さらに，航空運賃の値下がりによる海外旅行者の増加や労働力確保のための海外労働者の受け入れによってヒトのグローバル化を加速し，文化・社会面における交流が活発になったこともあげることができよう。

　このように，文化・社会・政治・経済面でのグローバル化が進む中で，企業も経営の3要素といわれるヒト，モノ，カネのグローバル化を余儀なくされており，グローバルな視点を持ったマーケティング活動の重要性が一層問われている。

グローバル・マーケティングとは

　「グローバル・マーケティング（global marketing）」の定義は様々なものがあり，確立された定義はないといってもよかろう。1960年代には，企業が国境を越えて遂行するマーケティング活動を称して「国際マーケティング（international marketing）」と呼んでいた。しかし，その活動目的や範囲，もしくは研究者の解釈により「輸出マーケティング（export marketing）」，「エクステンション・マーケティング（extension marketing）」，「多国籍マーケティング（multinational marketing）」，「マルチドメスティック・マーケティング（multi-domestic marketing）」など国際マーケティングとともに様々な用語が使用されるようになった。

　グローバル・マーケティングは，1980年代にレビットが「国際マーケティング研究」において，多国籍企業（MNC）のとり得るマーケティングと区別して使用した用語である。それは，技術的な進歩と世界的に見た消費者の消費選好の類似化によって世界市場の同質化が起こり，真のグローバル企業こそが市場と利潤を獲得するという考え方を基にしている。そのため，世界的に標準化されたマーケティング戦略が重要性となるとの見解から，グローバル企業が展開する標準化戦略においてグローバル・マーケティングという用語を使用したと考えられている。

　しかしながら，現状では彼が主張したように一部のグローバル企業を除いて

大半の企業が，世界的市場において標準化したマーケティングの4Ps（製品，価格，流通，プロモーション）を展開しているとは考えにくい。現在では，情報・通信システムの急速な発展によって国境・時間・距離的空間は大幅に縮まって来ているものの，企業のグローバル化において，それぞれの国の持つ固有の文化・社会・政治の異質性は標準化する上での障壁となっている。また，文化的特性が左右される製品や業種・業態によっては，レビットの提唱したようなグローバル・マーケティングの遂行は困難である場合も多い。

グローバル・マーケティングへの進展プロセス

　企業がその活動範囲を拡大し，複数の国々で事業展開を行うのに伴い，企業の中心的役割を果たすマーケティング活動は大きな変化を遂げることになる。上述したように，企業が国境を越えて活動するマーケティング活動は，用語の解釈が年代や研究者によってそれぞれ異なっているものの，代表的な発展段階は以下のように分類することができよう（**図14-1**）。

　第1段階は，国内活動に焦点を絞り込んだ国内マーケティングから始まる。企業活動は常に国内市場に向けられており，マーケティング活動や，経営ビジョンなど経営活動に関わる全ての事柄は国内市場だけを見据えた段階である。

　第2段階は，輸出マーケティングと呼ばれ，マーケティングの焦点は本国にあり，国内マーケティングを基本として製品戦略や経験の効力は本国に向けられているものの，海外におけるマーケティング活動が開始される段階である。初期段階では，海外企業や商社からの引き合いなどを通じた受け身の間接輸出から始まることが多いが，やがていくつかの企業は自ら能動的に直接輸出の段階に進む企業も見られる。この段階では，企業におけるマーケティング戦略などの経営活動は国内市場を中心にして考えられており，海外市場はあくまでも付加的なものである。むしろ，国際市場を睨んでマーケティング活動が展開されるというより，単なる輸出活動の延長であるといっても過言ではない。

　第3段階では，狭義の国際（インターナショナル）マーケティングへと移行する。焦点は，国内市場および国内市場と類似している外国市場に移り，マーケティング活動も国内市場だけではなく海外市場を強く意識した拡大戦略をとるようになる。マーケティングなどの経営事項の全ては各国に決定権が移り，

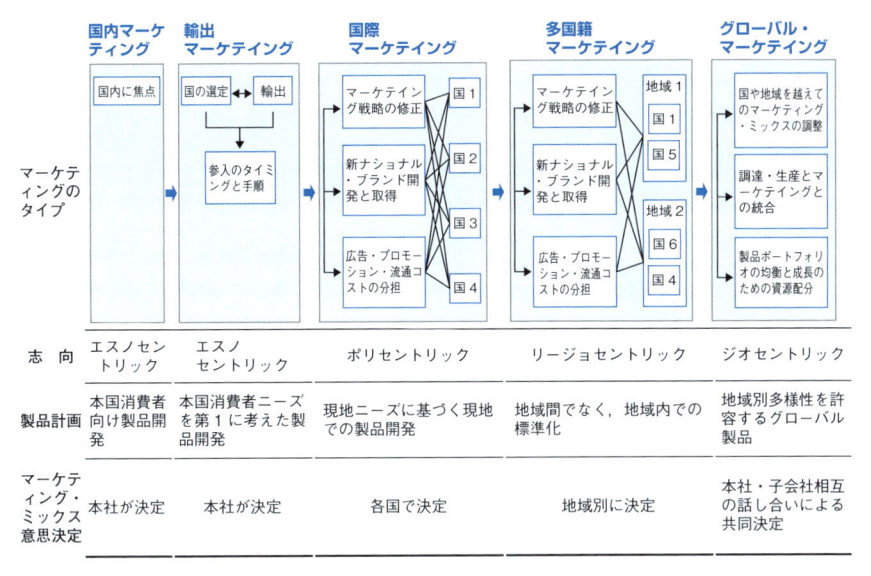

図14-1 グローバル・マーケティングへのアプローチ

（出所）　Susan, D. P. and S. C. Craig（1989）, Evolution of Global Marketing Strategy: Scale, Scope and Synergy, *Columbia Journal of World Business*, vol.24, Fall, p.50. および Chakravarthy, B. S. and Pellmutter, H. V.（1985）, Strategic Planning for a Global Business, *Columbia Journal of World Business*, vol.20, Summer, p.6. より作成。

現地ニーズに基づいて実施されることとなる。すなわち，この段階では国内市場と同様のマーケティング・ミックスを諸外国に拡大したものといえる。

　次の第4段階である多国籍（マルチナショナル）マーケティングの段階に移行すると，国内市場と海外市場における差異を理解することに焦点が移ってくる。そして，進出国市場をユニークなものとして捉え，経営指向は多国籍を睨んだものとなり，マネジメントは現地化および本国からの分権化が進みボトムアップ・マネジメントの形式が進むことになる。また，マーケティング活動は，世界市場に対応できるように，それぞれの市場における子会社が市場に合わせて適応化戦略を取り入れる一方で，規模の経済の恩恵を受けるために地域ごとにマーケティング活動を統合し始めるケースも見られる。

　最終段階であるグローバル・マーケティングの段階に移行すると，マーケティングは世界市場の影響力と相違点を統一することに集中される。ビジョンは世界市場を複雑なものとして理解した上で，適材適所というかたちでのマネジ

メントスタイルをとり，マーケティングはグローバル市場を対象として，顧客に対して最大の価値を創出することを目的としたものとなる。

そして，最終的には世界市場を1つとみなして経営活動を行う「世界・地球志向」へと成長していくと考えられている。

現実的には，企業の全てが上記の段階を経てグローバル化を進めているわけではなく，製品特性，本国企業の地域性，あるいは発展時期など様々な要因によって左右される場合も多い。特に近年では，「創業時から複数の国で資源を利用し製品を販売することにより相当な競争優位を発揮しようとする企業」と定義されるボーングローバル企業も増加している。

14.2 グローバル・マーケティング・リサーチ

グローバル・マーケティングにおいて，国内マーケティングと大きく異なるのは各国の市場において取り巻く環境要因が異なることである。企業における環境要因とは，管理不可能とされる政治・経済・法律・文化的な諸条件などのマクロ環境，供給業者，競争業者，流通チャネル，金融業者など，企業に対して直接影響を及ぼすとされるタスク環境，そして企業目標，企業文化，企業内の他部門などの企業内環境がある。

その環境要因を理解する方法の一つとして，当該市場に対するマーケティング・リサーチがある。海外市場は本国市場と比較して企業を取り巻く環境に大きな差異があることから，本国市場と同様のマーケティング戦略を遂行した場合，様々な不具合や損失が生じることになる。そのため，多くの時間とコストをかけマーケティング・リサーチを行うことでリスクを回避すると同時に，市場機会を識別しグローバル・マーケティングを有利に展開するための判断材料とすることができる。

一般的にマーケティング・リサーチでは，グローバル・マーケティングを展開していく上で，何が障害となるか，またその障害を乗り越えることができるかどうかを判断するための調査が実施される。そして，乗り越えられない障壁がない場合に初めて次のステップへと進むことになる（**図 14-2**）。

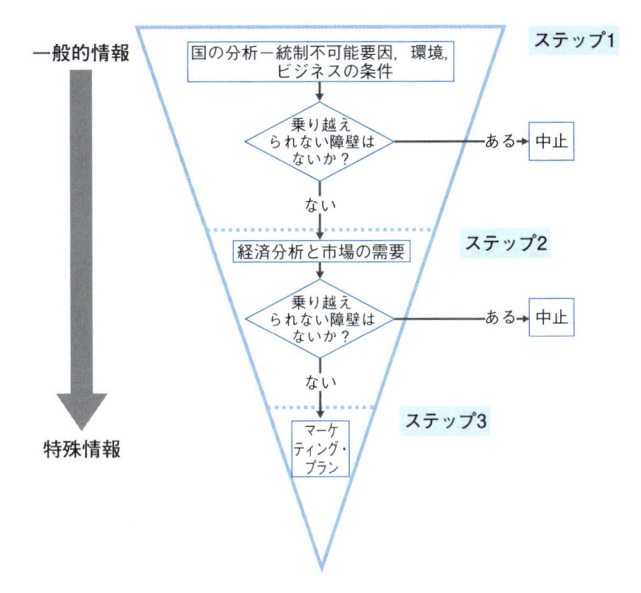

図 14-2　グローバル・マーケティングにおける情報ニーズの範囲

（出所）　Cateora, P. R. and S. Keaveney（1987），*Marketing: An International Perspective*, Irwin（P. R. カトーラ・S. キーベニー，角松正雄監訳（1989），『マーケティングの国際化』文眞堂，p.64）を一部修正。

【ステップ1】

　最初の段階（ステップ1）では，進出しようとする諸外国における統制不可能要因の理解が中心となる。それらは，経済的要因，政治的要因，法律・制度的要因，地域的統合体制の理解，地理的要因，社会・文化的要因などの環境要因について分析することから始まる。

①　統制不可能要因の理解

　経済的要因とは，国内総生産（GDP）もしくは国民総生産（GNP），国民1人当たりの GDP や GNP，経済成長率，インフレ率，失業率，産業構造，輸出構造，就業構造，外貨準備，国際収支，対外債務負担，財政収支構造，所得分布，労働賃金などを測定し，進出国の経済成長率や国民の購買力など基礎的なデータとして活用するものである。

　政治的要因とは，進出国における政権の安定性，いわゆるカントリーリスク

はもちろんのこと，産業・財政金融・通貨・通商政策や将来的な計画・展望を注意深く把握することにより進出すべきか否かの判断材料とすることができる。

　一方，進出国の政治・経済や社会環境の変化に伴い，新たな法律や規則が制定される場合もあるため注意が必要である。**法的規制**とは，民法や商法のように国内企業と同様に進出企業にも適用される法律，あるいは外資法や出資比率，投資分野の制限，ローカルコンテンツ，土地取得制限，現地人雇用・登用義務のような制約条件など海外からの進出企業を対象として適用されるものもある。進出しようとする企業は双方の法律が適用されるため，注意深くそれらの動向を見極める必要がある。

② 　地域的統合体制の理解

　また，市場のグローバル化が進み国際条約・法規などが締結される一方で，国際的に取引を制限する法律や，国家や地域間で協定（自由貿易協定，共同市場，関税・経済同盟，経済統合など地域統合体制）が結ばれるなど，反グローバリズムやリージョナリズムも台頭してきている。

　国際条約としては，第2次世界大戦後に自由・無差別・多角的貿易を目的にして設立された「**GATT**（General Agreement on Tariffs and Trade）」がある。GATTは，第1回の会議から第8回のウルグアイ・ラウンドに至るまで参加国は関税引き下げ処置，輸入制限の撤廃，非関税障壁の軽減，最恵国待遇の保持，農産物問題などを主題として貿易のルール作りを進めてきた。そして，1995年からは国際機関の一つとして認められたWTOのもとでモノと同様にサービス貿易，知的所有権，貿易政策審査制度や複数国間貿易協定など国家間におけるあつれき解決への取り組みが始まっている。

　さらに，ソビエト連邦崩壊や東ヨーロッパ諸国における社会体制の変化や中国をはじめとした新興国の経済発展が著しい中で，国家や地域の結びつきも強まっている。たとえば，欧州と米国間の環大西洋貿易投資パートナーシップ（TTIP），環太平洋地域内での環太平洋パートナーシップ協定（TPP）など地域間での地域の経済連携，あるいはEUのように単一通貨「ユーロ」を発足させ，ヒト・モノ・サービス・資本などの自由移動を基本とした強固な経済統合，また米国，カナダ，メキシコ間でのNAFTAのような自由貿易協定の締結，またアジア諸国のASEAN，APECのような太平洋諸国の経済協力，さらには日本とシンガポール間のFTAなど，それぞれ様々な問題を抱えながらも経済の

地域統合がアジア・米・ヨーロッパ大陸の3極体制を中心に拡大している。

③ 地球環境保全への理解

　世界的な環境保護に対する意識が高まる中で，グローバル企業においても経済環境とともに地球の自然環境にも注目する必要性がある。温暖化やフロンの問題など地球環境の深刻化が叫ばれることにより，環境問題に対する意識が高まっており，20世紀型社会の大量生産・大量消費・大量廃棄型社会から循環型社会へと人々の関心も移行し始めている。そうした状況のもとで環境問題に対する様々な議定書が発行されており，海洋汚染の防止，有害廃棄物の越境移動に関する規制など国際的枠組みのもとで様々な地球環境保全への取り組みが始まっている。

　こうした経済・社会背景の中で，世界的に事業展開を行うグローバル企業は，環境対応型の組織構造や経営行動への転換を余儀なくされており，環境に配慮した経営への取り組みが迫られている。グローバル企業の役割は，利益主導型の経済的な結びつきだけではなく，社会的な側面とも大きく関係しており，それらは相互に結びついているため経済的責任はもちろんのこと，企業市民としての責任も重要視されることから，環境マネジメントシステムの構築，エネルギー管理，環境にやさしい製品開発，環境情報の開示，環境教育など地球環境を意識したマーケティングが一層要求されることになる。

【ステップ2】

　次の段階（ステップ2）では，進出国のインフラストラクチャー，労働慣行，当該市場における競争構造，消費者構造など潜在的市場を推測するために必要なミクロ環境の分析が行われる。これらは，個々の企業の経営行動に則した社会的要因や市場環境の分析である。具体的には，進出国における競合他社の製品構造や製品の需要予測をはじめとして年齢分布，所得層分布，人種構成，宗教，言語，文化，教育水準，労働慣行に至るまで，自社の製品戦略に照らし合わせて具体的に様々な角度から市場分析を行う必要がある。

　企業が，国際市場で製品戦略を遂行していく場合に最も大きな障害として現れるのは，意思決定における人間の持つ「自己集団準拠枠基準（self-reference criterion：SRC）」といわれている。これは，人間が意思決定を下すとき，無意識のうちに自分自身の文化的価値観，経験則，知識に準拠して様々な事柄に

対して判断を下す傾向があることを意味している。人間は，誕生してから必然的に風土・慣習・習慣・価値観・審美観などをはじめとして文化そのものが社会・経済や人間形成の上で規範となるため，その国の人々の生活に密接に結びついていると思われる。そのため，一連の事実に直面した場合，その人が成長してきた過程で蓄積された，文化的背景を基礎とした知識に基づいて，直感的に反応してしまう傾向が強いのである。

　こうした文化・社会的概念に影響力を与える要因としては言語，美的感覚，教育水準，食習慣，社会集団，宗教，家族関係などが大きく関係することになるため，グローバル企業の担当者は自国や担当者自身の持つSRC概念を基準として経営を展開しようとするのではなく，常に進出国の文化的要素も考慮に入れる必要がある。

　グローバル・マーケティングでは，国際市場における統制不可能な環境要素がマーケティングをより複雑にする。したがって，マーケティング・リサーチによって国内市場と国際市場の差異をあらかじめ予測し，マーケティング戦略にどのような影響を及ぼすのかを考えなければならない。

【ステップ3】

　障害がなく進出国として十分な市場としてみなすことができたならば，次の第3段階（ステップ3）として具体的にマーケティング戦略を計画することになる。第1段階や第2段階で検討した進出国のデータを参考に，本国企業は自社の販売する様々な性格を持つ製品の中から進出国の状況に合わせてその市場で投入する製品を選択する。そして，進出国での製品ターゲットの設定や売上目標，また参入方式なども検討される。

　このように，企業はグローバル・マーケティング・リサーチを実施することにより，グローバル・マーケティングを展開していく上で重要な情報を得ることが可能となる。そして，マーケティング機会が存在するか否かの判断や識別，事業形態に関する意思決定，さらに市場へ導入するべき製品や販売促進などマーケティング戦略を遂行する上での手助けとなる。

14.3　グローバル市場への参入形態

　海外市場への参入形態は，大きく**輸出**，**ライセンス契約**，**直接投資**に分類される（**図14-3**）。企業におけるグローバル市場への参入方式を決定する際に影響を与える要因は**進出国の環境要因**と**自社要因**に大別できる。具体的には進出国の市場規模，成長率，進出国のカントリーリスク，進出国政府の規制・法律，インフラストラクチャー，競合環境などの環境要因と自社資源・資産・能力からなる自社の経営状況，地域特性，マーケティング戦略など様々な要因によって左右される。

　日本企業を例にとって見ると，1960年代からの海外輸出，その後ノックダウン生産や第三国を通しての海外輸出，そして，1970年代からの貿易摩擦を回避するための様々な手段，1980年半ばのプラザ合意以降における円高による直接投資の始まりというように，一般的な参入形態は海外市場への関与の度合いが深まるにつれて輸出，ライセンス契約，海外生産へと発展していくことになるが，近年の情報社会ではそのあり方も大きく変化している。

輸 出 段 階

　企業による海外市場の関与の仕方として最も浅いものは輸出である。輸出は，輸出する製品に注目すると，本国で製造した製品の輸出か，もしくは第三国で製造した製品の輸出かの2パターンある。また，輸出の形態に注目すると，企業自らが積極的に行う**能動的輸出**と他の業者や国内商社からの引き合いによる**受動的輸出**に分類できる。

　初期の輸出段階において企業は外国市場に対して不慣れなことから受動的輸出が多く見られるが，ある程度輸出が軌道に乗ってくると自社製品の拡大や企業成長を目指すために販売会社や現地支店を開設するなど能動的輸出による展開を始める場合が多く見られる。ただ，自ら進出国に流通チャネルを作り上げるのは莫大なコストと時間がかかることから，進出国に精通している現地企業の流通ネットワークを利用する共同輸出という形態をとることもある。

　能動的輸出は，**直接輸出**（自社による輸出）と**間接輸出**（商社などの仲介者

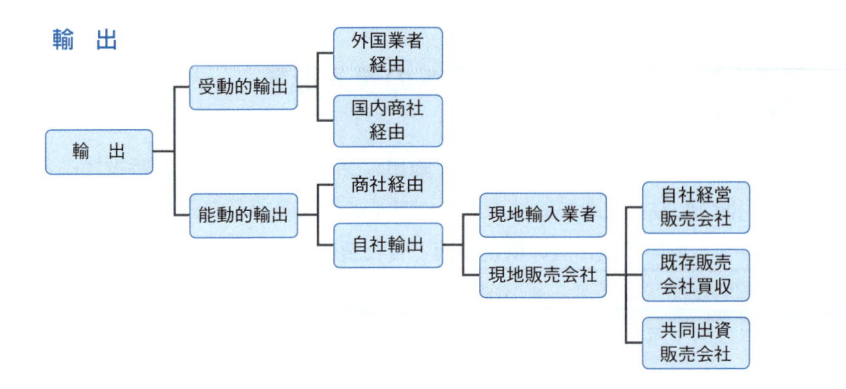

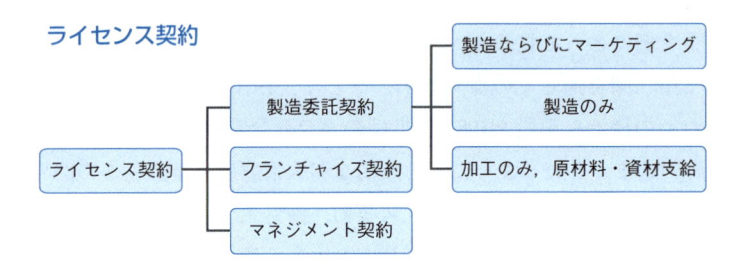

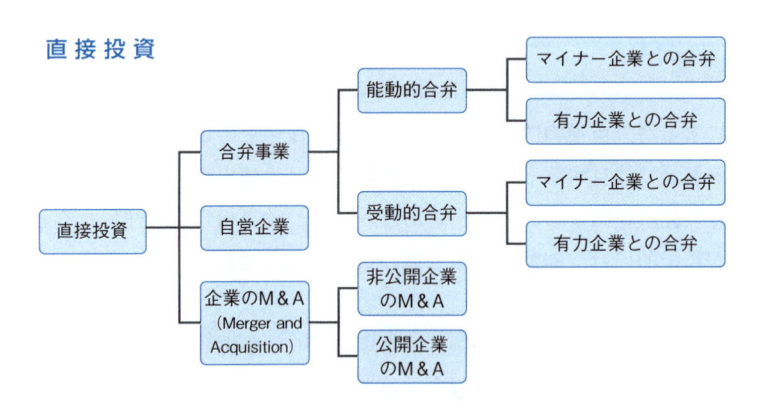

図 14-3　国際市場への参入戦略

(出所)　田内幸一・堀出一郎編 (1994)，『国際マーケティング』中央経済社，p.67, p.73,
　　　　p.77。

を介した輸出）に分けられる。間接輸出は商社を通して外国市場に販売を行う方法，海外のディストリビューター（販売代理店），業社（買いつけ機関）を通じて販売を行う方法，そして海外の企業の持つ流通ネットワークを利用するピギーパックと呼ばれる三通りのタイプがある。

　商社を通して輸出販売を行う方法は，日本企業の代表的な輸出方法の一つであり，グローバル市場に精通していない企業にとって有用であり，商社の所有する様々なノウハウやネットワークを通して全ての輸出業務を委託できるため，製造だけに専念すればよいことなどのメリットを有する。また，外国の業社を通して販売する場合も同様であり，現地市場における文化，習慣，競争状況などの統制不可能となる要因を把握していることや，その国の様々なノウハウを所有していることから本国企業にとって大きなメリットとなる。したがってこの段階では，企業自らが輸出のために事業部や販売部などの組織を設立することは少なく，数少ない担当者がその状況に応じて輸出事項に対応することとなる。

　さらに輸出量が拡大し海外市場における取引が拡大してくると，商社を利用せずに企業自らが現地子会社，販売会社，販売代理店，特約店など活用し自社の関与を強めるようになる。その結果として直接輸出が選択されたり，商社の利用を継続しながら企業自らが海外市場の開拓を目指して輸出活動を始める段階となる。直接輸出を選択した場合には，国内の販売部門の中に輸出業務全般を取り扱う輸出部を設立し，為替手形，信用状，通関手続，国際輸送，海上保険などについての処理業務や海外向け製品の出荷，決済なども直接行わなければならず貿易業務が発生することになる。さらに将来的に現地の販売会社を運営するための資金や人材の確保など多くの労力が必要となるため，海外取引の窓口ともいうべき輸出部，貿易部などの部門が設立される。しかし，現実には輸出部や貿易部はその大半の業務が商社との取引が中心であるため，本来の国際的な取引に関係するマーケティングなどの部門とは程遠い段階である。

　その次の段階として，さらなる発展を目指すために，輸出を担っていた輸出部を国内販売事業部の一部門から独立させ，組織上の制約から解放することにより輸出業務に特化した部門を設立する企業や輸出部が輸出業務を効率的かつ効果的に実施するために海外の主要地域に子会社や海外製造子会社などを設立する企業も登場してくる。

海外に製造子会社を設立する理由としては，①現地国政府の輸入量制限や規制による国内産業保護政策に対して，現地国の国際収支の改善や雇用機会の創出を増やす現地国への貢献を示すことにより製品輸出の拡大による貿易摩擦を回避する目的，②顧客の近くで生産・販売することによるマーケティング戦略におけるメリットの享受の2点がある。

　この段階は，将来的に国際市場における市場拡大を目指し適材適所での生産体制を確立することや，マーケティング戦略を優位に展開するための準備段階と考えられる。そのため現地市場の状況（競争状況，物価など）や消費者動向（消費者ニーズ・ライバル企業）などの情報を収集し，一層の海外市場における取引の強化に努めるようになる。しかしこの時期の現地市場における主な経営活動は全て進出先の海外事務所に任せる場合が多く，本国企業との連絡や調整は本国企業の海外輸出部の担当者が出張という形式で現地に出向くことが多い。

ライセンス契約

　自社製品の販売数量が一定量に達すると，現地生産の可能性を模索し始める。現地生産体制に移行するためには企業を取り巻く様々な統制不可能要因を探るための多くの資金や人的資源が必要となる。そのリスクを低減する一つの方法としてライセンス契約がある。

　ライセンス契約とは企業（ライセンサー：licenser）がある一定の期間を定めて海外の企業（ライセンシー：licensee）に対し，製造技術の指導，マーケティングノウハウの提供，商標・デザインの使用を認める対価として使用料を受け取るものであり，具体的には製造委託契約，フランチャイズ契約，マネジメント契約などがある。

　製造委託契約は，経営活動の全てをライセンシーに任せて運営させる方法，製造だけをライセンシーに委託する方法，原材料を支給し，製造加工だけを委託する方法の3つが考えられる。この契約方式の欠点は時間が経過するのに伴い，ライセンシーが製造技術を習得し自ら生産・販売を行いライセンサーの競合相手となる可能性が出てくることや，ライセンサー自らが直接投資を行うようになった場合などライセンシーとの間でトラブルも多く見られる。

近年，国際的企業の中には，外部資源の有効活用を目的として「アウトソーシング（outsourcing）」と呼ばれる委託生産や工場を所有しないタイプの「ファブレス（fabless）企業」も増加している。アウトソーシングは，自社の業務の一部を外部に委託することによって，自社の中核業務に集中することが可能となり，外部活用をしたほうが効率的かつ有効であるとの判断から増加している。また，自社内に設備や工場など専用の資産や運用部門などを持たず外部委託をする企業や，製造機能を有していたとしても自社ブランド製品の販売拡大のために少量受注生産などコストに合わず小規模な生産に限定されるような製品を外部委託するなどファブレス業態の企業も増加している。現在ではコンピュータ機器，食品，玩具など様々な業種で見られるようになっている。

　フランチャイズ契約は，コンビニエンスストアやファミリーレストランなど日本でもよく知られている契約方法であり，事業者である「フランチャイザー（franchiser）」が「フランチャイジー（franchisee）」と呼ばれる個人事業主や企業に対して一定期間，地域を限定して事業を運営する権利を与えるものである。この契約は，消費財の分野でよく目にする形態であり，製品やサービスの供給のみならず製造から販売までの全ての経営活動を含む契約である。

　この方法はフランチャイジーが土地や店舗などの資金を負担し，フランチャイザーは経営管理についての指導責任を持つという方式であり，商売のノウハウを所有していないフランチャイジーと経営ノウハウを持つフランチャイザーの共同経営ということになる。フランチャイザーにとっては，現地の消費者に対して直接アプローチをする手間を省くことができること，経営面での多くの時間や資金を節約できること，自社ブランドで素早く市場拡大を図れること，などのメリットがある。

　マネジメント契約は，経営の知識・経験・技術を所有するにもかかわらず，自社の資金や設備が不足している企業と，資金や設備は豊富であるものの経営ノウハウを持たない企業との間で契約を結ぶ方法である。この契約の初期段階では，双方にとって事業経営を行う上でメリットがあるため相互協力のもとで事業を拡大する方法である。実際に事業を展開し始めてから，時間の経過とともに経営ノウハウを習得し，利益を得ることができるようになると，自らが独自で事業を展開するようになるため契約が破棄される場合もあり，訴訟問題に発展することも多々ある。

直接投資は，**自営企業**，**合弁企業**，「**企業買収と合併**（mergers & acquisitions：**M＆A**)」に分類できる。

自営企業での参入は，それまでに開拓した海外市場をさらに発展させ，海外市場における確固たる地位を築くために，企業自らが 100％ 出資の完全所有子会社を設立し，海外市場へ参入する直接投資の段階に移行する。そして海外に設立された現地子会社は，本国から輸入した製品の販売を行うだけではなく，販売後のアフターサービス，現地市場の動向や情報の収集，販売促進活動や広告などマーケティング活動をより深めていくこととなる。

この方法のメリットは経営方針の徹底，人事権の掌握，マーケティング戦略など生産から販売までのヒト・モノ・カネといった全ての企業活動を把握できることにある。海外市場での経営が軌道に乗れば，本国への逆輸入や第三国への輸出のようなグローバルな事業展開が可能となる。

経営活動が進化してくると，現地国では販売子会社で販売を行うだけでなく製造部門も加えた製造子会社を設立するようになる。そして最終的には，自社で工場を建設し，製造から販売に至るまで全ての経営活動を行うようになる。

企業のタイプによっては，直接投資に対するリスクを慎重に見て，合弁事業の設立や企業買収などの方法で直接投資を行う場合もある。

その方法の一つは，合弁事業（ジョイントベンチャー：joint venture）であり，共同出資者としてのパートナーと企業を設立する方法である。この方法は，複数の企業が出資して新たに新会社を設立する，あるいは既存企業の株式の一部を買収して，その企業の共同経営をする方法があるが，前者のように新たに会社を設立する場合が多いとされる。こうした方法で直接投資が行われる背景として，①進出先の政府が外国の企業に対して法的な規制や圧力をかけるケース，②進出先の政府とパートナーとの密接な関係があるケース，③現地市場における競争が激しく自社単独で直接投資をするよりも合弁形態のほうが多くのメリットがあるケース，④経営資源に余裕がないケースが考えられる。合弁パートナーと相互に信頼関係を築き上げるためには，パートナーとなる相手企業の国の文化，社会習慣などをはじめとして消費行動，製品や広告などのマーケティング，経営管理方式など本国と異なる経営環境や外部環境にも十分に配慮

する必要がある。

　また，もう一つの方法として企業買収がある。それは，特定企業の持つ資産や営業権の一部，もしくは全部を取得し経営権を手に入れる方法である。この方式は起業から成長，拡大という企業の進化過程を経ずに，直接経営ノウハウを獲得し事業経営に携わることが可能となる。そして，新規事業への参入が容易であり企業の多角化や拡大戦略に有効な方式である。

　グローバル企業において，相互に利益を得る戦略的に重要な目標を達成するための二社あるいはそれ以上の提携を**戦略同盟**と呼んでいる。この形態は二社間の単なるライセンシングからジョイントベンチャーや研究開発の共同事業体でも見られ，その目的は，自社の優位性を保つための防衛手段，リーダーの地位にない企業同士が協力関係を築くことにより巻き返しを図るための手段，あるいは生き残りのための手段として活用し再編成を試みるものである。

　上記であげた企業の海外進出方法は，自社の資本力・経営風土・製品特性・マーケティング戦略・意思決定など様々な要因をもとにして決定される。海外市場への関与の度合いとリスクは比例し大きくなることを考慮し，海外戦略は判断されなければならない。

《参考文献》

相原修・嶋正・三浦俊彦 (2009)，『グローバル・マーケティング入門』日本経済新聞出版社。

Cateora, Philip R. (1975), *International Marketing*, Irwin.

P. R. カトーラ・S. キーベニー，角松正雄監訳 (1989)，『マーケティングの国際化』文眞堂。

Channon, Derek F. with Michael Jalland (1978), *Multinational Strategic Planning*, AMACOM.

C. W. L. ヒル，鈴木泰雄・藤野るり子・山崎恵理子訳 (2013)，『国際ビジネス〈1〉—グローバル化と国による違い—』楽工社。

C. W. L. ヒル，鈴木泰雄・藤野るり子・山崎恵理子訳 (2013)，『国際ビジネス〈2〉—経営環境と金融システム—』楽工社。

C. W. L. ヒル，鈴木泰雄・藤野るり子・山崎恵理子訳 (2014)，『国際ビジネス〈3〉—企業戦略と事業運営—』楽工社。

加藤勇夫・寶多國弘・尾碕眞編 (2006)，『現代のマーケティング論』ナカニシヤ出版。

小田部正明・K. ヘルセン，栗木契監訳（2010）『国際マーケティング』碩学舎。

P. コトラー・G. アームストロング・恩藏直人（2014），『コトラー，アームストロング，恩藏のマーケティング原理』丸善出版

熊田喜三男編，釜賀雅史・折笠和文・岡本純（2007），『国際マーケティング戦略—ビジネス活動とグローバル展開—』学文社。

松浦祥子（2014），『グローバル・ブランディング』碩学舎。

諸上茂登（2012），『国際マーケティング論の系譜と新展開』同文舘出版。

諸上茂登（2013），『国際マーケティング講義』同文舘出版。

大石芳裕編，グローバル・マーケティング研究会（2009），『日本企業のグローバル・マーケティング』白桃書房。

大石芳裕・山口夕妃子（2013），『グローバル・マーケティングの新展開』（日本流通学会設立25周年記念出版プロジェクト第5巻）白桃書房。

S. ターマー・カブスギル・G. A. ナイト，中村久人監訳・村瀬慶紀・荻原道雄訳（2013），『ボーングローバル企業論—新タイプの国際中小・ベンチャー企業の出現—』八千代出版。

索　引

編著者・執筆者紹介

有馬　賢治（ありま　けんじ）【編者：1章・2章・5章執筆】
1962 年　愛知県生まれ
1992 年　早稲田大学大学院商学研究科博士後期課程単位取得
現　在　立教大学経営学部教授
　　主要著書
『入門マーケティング』（共著，新世社，2000 年）
『マーケティング・ブレンド―戦略手段管理の新視覚―』（単著，白桃書房，2006 年）

岡本　純（おかもと　じゅん）【編者：4章・14章執筆】
1962 年　愛知県生まれ
1989 年　Lincoln University M. B. A
現　在　名古屋学院大学経営学部教授，名古屋学院大学大学院経済経営研究科長
　　主要著書
『現代のマーケティング論』（共著，ナカニシヤ出版，2006 年）
『現代の流通論』（共編著，ナカニシヤ出版，2012 年）
『現代日本の企業・経済・社会』（共編著，学文社，2013 年）
『地域産業の経営革新と流通・マーケティング戦略―地域産業の振興と地域創
　　生―』（共編著，千倉書房，2024 年）

斎藤　明（さいとう　あきら）【10章・12章・13章執筆】

1969 年　東京都生まれ

2013 年　北海道大学国際広報メディア・観光学院博士後期課程単位取得

現　　在　立教大学大学院ビジネスデザイン研究科・観光学部教授

　　　　　博士（国際広報メディア）

主要著書・論文

「旅行者の購買行動とトラベル・リテイリング—国際線機内販売サービスにおける免税
　品情報誌に対する態度と支出行動を中心として—」『流通』No.36（単著, 日本流通
　学会, 2015 年）

『デジタル＆デザイントランスフォーメーション—DX とデザイン志向の未来戦
　略—』（共編著, 創成社, 2023 年）

長崎　秀俊（ながさき　ひでとし）【6章・7章・9章執筆】

1965 年　神奈川県生まれ

2006 年　法政大学大学院社会科学研究科博士後期課程単位取得

現　　在　目白大学社会学部社会情報学科教授, 目白大学大学院国際交流研究科兼担教授
　　　　　一般財団法人ブランドマネージャー認定協会顧問

主要著書

『イラストで理解する・ブランド戦略入門』（単著, 三弥井書店, 2015 年）

『DMO のプレイス・ブランディング—観光デスティネーションのつくり方—』（共
　編著, 学芸出版社, 2020 年）

『ブランド戦略ケースブック 2.0 —13 の成功ストーリー—』（共著, 同文館出版,
　2021 年）

宮下　雄治（みやした　ゆうじ）【3章・8章・11章執筆】

1973 年　神奈川県生まれ

2008 年　東京大学大学院総合文化研究科博士後期課程満期退学

現　　在　国学院大学経済学部教授　博士（経済学）

主要著書

『米中先進事例に学ぶ　マーケティング DX』（単著, すばる舎, 2022 年）

『新時代のマーケティング—デジタル経済を動かすキーワード—』（単著, 八千代出
　版, 2023 年）

『こうして顧客は去っていく—サイレントカスタマーをつなぎとめるリテンション
　マーケティング—』（単著, 日本実業出版社, 2024 年）

マーケティング・オン・ビジネス 第2版
―基礎からわかるマーケティングと経営―

2015 年 12 月 25 日©	初 版 発 行
2024 年 10 月 10 日©	第 2 版 発 行

編著者	有 馬 賢 治	発行者	森 平 敏 孝
	岡 本 　 純	印刷者	加 藤 文 男

【発行】　　　　　　　　　株式会社　新世社

〒151-0051　東京都渋谷区千駄ヶ谷 1 丁目 3 番 25 号
編集☎(03)5474-8818(代)　　　　　サイエンスビル

【発売】　　　　　　　　　株式会社　サイエンス社

〒151-0051　東京都渋谷区千駄ヶ谷 1 丁目 3 番 25 号
営業☎(03)5474-8500(代)　　　振替 00170-7-2387
FAX☎(03)5474-8900

印刷・製本　㈱加藤文明社
《検印省略》

サイエンス社・新世社のホームページのご案内
https://www.saiensu.co.jp
ご意見・ご要望は
shin@saiensu.co.jp まで.

ISBN 978-4-88384-393-0
PRINTED IN JAPAN

経営学入門

立教大学経営学部 編
A5判／272頁／本体2,450円（税抜き）

経営学を初めて学ぶ人，もう一度学び直したいと思っている人を対象とした入門テキスト。経営学の学び方から始め，経営理論の基礎的内容を網羅的に扱いつつ，現代的ビジネスのトピックも紹介し，企業活動が多面的に理解できるよう解説する。企業経営の基礎・企業の基本的な活動・企業の活動を方向づけ，成長させる諸活動・企業とガバナンスの４部により構成。読みやすい２色刷。

【主要目次】

発行　新世社　　　　発売　サイエンス社